LE DERNIER DES COMMUNISTES

DU MÊME AUTEUR

–

Animaleries. L'Escampette, 2013.

Marc Bernard, la volupté de l'effacement. Le Murmure, 2016.

★ STÉPHANE BONNEFOI ★

LE DERNIER DES COMMUNISTES

FINITUDE

Photo de couverture :
© John Birdsall / alamy

ISBN 978-2-36339-208-4

« J'ai cherché de cent façons à m'agréger aux autres, à me joindre à la foule, mais j'étais toujours un peu à la traîne ou bien je marchais faux, si je puis dire. J'ai fréquenté les manifestations populaires, j'ai défilé en chantant des refrains séditieux. J'ai même levé le poing en certaines circonstances. [...] C'est peu à peu que j'ai pris le parti de vivre à part, et aujourd'hui je m'en trouve bien. Je suis arrivé à aimer cette absence, ce vide qui est tout autour de moi. Ce vide, c'est peut-être la liberté. »

HENRI CALET

« La foi ne présuppose pas l'amour, c'est une affaire plus obscure. »

JEAN-CLAUDE PIROTTE

Avertissement

Pardon de vous prendre à froid... Je dois me délester ici d'un poids, lourd au point de freiner, si ce n'est compromettre, la bonne compréhension de cet ouvrage. Écrire m'est déjà une épreuve pénible...

Je suis un autodidacte (c'est là l'objet de mon tourment). Un homme approximatif, assoiffé de reconnaissance. Je n'ai pour garde-fou qu'une conscience politique surannée. C'est affreux.

J'ai demandé à mon éditeur de faire figurer cet avertissement sur la quatrième de couverture du livre, afin d'attirer l'attention du lecteur sur les origines de son auteur. C'est une clef qu'il me paraissait nécessaire de lui donner au plus vite. Je n'aime pas tourner autour du pot ; je n'en possède pas les moyens rhétoriques.

Le bougre s'y est refusé. Le ton est monté. Je l'ai menacé de reprendre mon manuscrit. Avant de me dédire...

J'ai eu tort de me braquer. Mon tempérament est impulsif et je n'ai pas toujours le choix de mes réactions. C'est comme si, pour entrer en communication avec les autres, je devais transiter par une zone de conflit. Le chaos avant la lumière. C'est ainsi. Mon grand-père Maurice, un sanguin, présentait les mêmes caractéristiques. On ne redresse pas une lignée en un tournemain...

Je suis né à la fin des Trente Glorieuses. Ce détail a son importance. Je n'ai connu que les derniers effluves, les plus amers, de l'âge d'or industriel et politique du pays. Ainsi, j'ai développé un sens inédit dans la famille, rare dans le milieu prolétarien : la mélancolie. Une véritable poisse. Car, comme on le verra, je n'ai pas su exploiter l'originalité de ma position.

Que les choses soient claires, je n'accuse pas la société de tous mes maux. D'ailleurs, si je suis né obèse (cinq kilogrammes deux cents) selon les dires de ma mère, Mireille, je ne fus pas le moins du monde encombré par le surplus de graisse. Pour preuve, dès l'âge de dix mois, adoptant la fière allure du bipède, je paraissais en mesure de franchir les nombreux obstacles qui se présenteraient sur mon chemin. Que s'est-il passé ? Je l'ignore.

J'ai échoué lamentablement dans mes études, ce qui n'a fait qu'aggraver mon penchant pour le déclassement. Inquiet, j'ai manqué de clairvoyance. J'ai confondu le passé avec le présent, la fiction et l'avenir. J'ai évolué dans une sorte de brouillard. Bref, je suis resté à quai.

J'aurais pu m'avachir tout à fait mais une force continuait d'agir secrètement, maintenant à flot une ambition démesurée. Grâce à elle – fruit d'un orgueil déraisonnable –, j'ai pu connaître quelques éclats anarchiques qui m'ont permis de supporter une vie passée dans les bas-fonds de la hiérarchie sociale.

Aujourd'hui, bon an mal an, j'ai atteint la cinquantaine. Seul. Je n'ai pas plus la connaissance d'un métier que d'un ami. J'ignore l'amour comme il m'a ignoré. Je me sens pareil à un tas de miettes, de particules, qui font peut-être une forme mais en rien un membre du corps social.

Ai-je même revendiqué un avenir meilleur ? Je n'en suis pas certain. Ce qui est difficile à accepter lorsque l'on est convaincu, depuis son plus jeune âge, d'avoir un rôle social et politique à jouer. Comment ai-je pu si grossièrement me perdre ? C'est à n'y rien comprendre...

Je m'en suis récemment ouvert à mon père. Mal m'en a pris. Il venait de m'offrir le livre de Robert Hue, *Il faut qu'on se parle*. C'était son exemplaire, dédicacé par l'auteur à l'occasion de son passage à Nîmes en 1997. Cela m'a touché. Je crus à un appel du pied de sa part. Au lieu de quoi, il m'avoua son regret de ne pas avoir soutenu plus fermement le projet de mutation du secrétaire national du Parti. « Il était peut-être encore temps de nous sauver... » me dit-il. Comment accabler un homme dont l'amertume est supérieure, et si étrangère, à la vôtre ?

J'ai profité de ce moment d'égarement pour lui avouer que ma vie n'avait aucun sens. Pas le moindre but. Que je ne voulais pas d'enfants, pour ne pas avoir à affronter leur regard. Qui deviendraient-ils avec un tel père, évoluant aux confins de la traîtrise ? « Il est temps de mettre un terme à notre lignée », lui dis-je froidement. Il ne parut pas surpris d'apprendre qu'il ne serait jamais grand-père. Je l'ennuyais avec mes considérations biologiques : « Moi aussi je me sens seul et inutile depuis la fermeture de l'usine et j'en fais pas une histoire... T'as qu'à te battre, ça te changera les idées à défaut de changer ton avenir... »

Il n'avait peut-être pas tort. Lui aussi souffrait de solitude, depuis que ma mère l'avait plaqué. C'était il y a plus de trente ans. Elle avait tôt pris conscience que le rôle d'amante, tenu jalousement par le syndicat et le Parti, était plus désirable aux yeux de mon père que celui d'épouse.

Mais si je veux remonter à la source de ma nature, je dois évoquer la vraie figure tutélaire de mon enfance : Maurice. Autrement dit, pour les camarades de l'usine : Maurice-le-Rouge. Lui-même fils de Jean, adhérent de la Section française de l'Internationale communiste (SFIC) en 1921, écrasé par sa machine de l'usine Michelin en 1937. Maurice, c'est aussi deux Allemands liquidés pour la seule année 45 et soixante-neuf années d'adhésion au Parti. Un homme de conviction.

En 1970, lorsqu'il voulut faire embaucher son fils à l'usine sidérurgique de l'Ardoise, où la priorité à l'embauche était donnée aux enfants d'ouvriers, il se vit rétorquer par le chef du personnel : « Moi vivant, jamais un fils de rouge ne mettra un pied à l'usine ! » Maurice retourna le bureau du chefaillon et mon père signa son premier contrat de travail à durée indéterminée à tout juste 20 ans. Mon grand-père était partisan d'un anarcho-syndicalisme d'action directe, hérité de l'entre-deux-guerres.

On le voit, j'avais toutes les cartes en main pour mener une vie d'engagement. Une vie digne, épanouie grâce à l'action politique et syndicale. Alors pourquoi la graine du militantisme n'a-t-elle pas germé en moi ? Je ne vois aucune logique à ce qui m'est arrivé.

Et que dire de ce qui me pousse à mettre en scène devant vous, aujourd'hui, la pleine vacuité de mon existence...

1

La radio c'est comme la lutte (et l'amour) : une affaire de transmission

Chaque matin avant de partir à l'usine, Maurice passait une bonne demi-heure dans la salle de bains. Mon grand-père était un homme méticuleux. Pendant ce temps, son épouse Louise faisait le pied de grue derrière la porte, ruminant à voix basse : « …autant de temps pour enfiler un bleu… personne ne pourrait croire une chose pareille… et tout ça pour aller se dégueulasser à l'usine… »

Sa patience usée, elle s'agaçait à voix haute : « Tu n'as pas bientôt fini ? » Puis elle donnait un coup de pied très sec dans la porte. La chienne Bichette libérait un aboiement rauque qui couvrait la gueulante de Maurice : « Qu'est-ce tu veux encore ?… Tu vois bien que j'ai pas fini ma toilette… »

Le son de sa voix emplissait la pièce contiguë, la cuisine, où je demeurais le nez plongé dans mon bol de chocolat au lait, le regard discrètement tourné vers la scène. S'ensuivait un long silence, car Louise n'avait rien de particulier à faire dans la salle de bains, sinon d'en chasser son époux au plus vite.

C'était là un rituel entre eux, effectif dès le saut du lit, comme s'il s'était agi de mettre le délégué syndical en état de préchauffage avant de retrouver les camarades à l'usine.

Qu'un ouvrier demeure aussi longtemps dans une pièce où elle-même, ancienne propriétaire de l'épicerie de l'Ardoise, ne passait pas plus de quelques secondes, dépassait son entendement.

La toilette de Louise était des plus sommaires. Sans prendre le soin de fermer la porte, elle se jetait sous les aisselles une rasade d'une eau distillée près du Mont Saint-Michel, tout en prenant garde de ne pas toucher ses avant-bras, toujours couverts de croûtes, fruits de ses jeux passionnés avec les bêtes de la maisonnée. Puis elle écrasait ses cheveux avec le plat de la main pour tenter d'en maîtriser le volume.

« Et en plus il est chauve... mais bon sang qu'est-ce qu'il peut bien faire durant tout ce temps... »

Quand les coups redoublaient dans la porte, Maurice, las d'être empêché dans ses ablutions, tonnait : « On n'est pas sourds !... »

Lorsqu'il se mettait en colère – ce qui n'était pas rare, il employait la troisième personne du singulier, comme si le syndicaliste parlait au nom de l'ensemble du monde ouvrier. Un renfort langagier qui n'intimidait pas son épouse.

L'usine l'avait rendu sourd comme un pilier d'église. Mais par coquetterie aussi bien que conviction politique, Maurice mettait un point d'honneur à se montrer toujours à l'écoute. Personne n'était dupe. Il n'y avait qu'à entendre le son du transistor, hurlant tout son soûl dans la salle de bains : L'ARMÉE ISRAÉLIENNE A ENVAHI LE SUD LIBAN DANS LA NUIT... Ce à quoi Louise rétorquait : « Moins fort !... nous non plus on n'est pas sourds... »

C'était comme un orchestre où chacun aurait joué sa propre partition. Ou un dialogue de sourds dont le fondement serait : pour bien s'entendre il faut y mettre le volume nécessaire et de la conviction. Je mis du temps pour déceler dans cette communication sauvage une forme d'harmonie. Sans parler de *syndrome de la salle de bains*, elle allait avoir une influence directe sur ma conception du dialogue, politique et amoureux.

Mais là où ma mémoire est la plus vive, c'est au sujet des échanges que mon grand-père entretenait dans la salle de bains avec son poste de radio. Un temps dont Louise ne comprit jamais l'importance et qui était moins l'occasion pour le délégué syndical de lustrer son corps que de réviser ses mots d'ordre. D'ailleurs, les souvenirs que j'ai conservés des informations données par le transistor ne sont pas classés par ordre d'importance pour l'avenir du monde, mais suivant le degré de colère que leur annonce souleva chez mon grand-père.

Ainsi, j'ai conservé tous les détails de l'enlèvement d'Aldo Moro par les Brigades rouges, tout comme ceux liés à la mort de Paul VI et de son successeur, Jean-Paul Ier. « Un beau fumier en moins ! », avait commenté Maurice à la disparition de ce dernier. Je trouvais son jugement hâtif. Le saint homme avait refroidi après seulement trente-trois jours de pontificat. « Et ils vont nous faire ch... avec lui pendant au moins deux semaines... » Sur ce point, il n'avait pas tort. Un tel ratio frôlait le bourrage de crâne.

Cette année 1978 fut qualifiée d'« exceptionnelle » par Maurice, deux papes et un social-démocrate ayant trépassé en l'espace de quelques mois.

J'avais six ans. J'étais innocent. J'ignorais le mal que ces hommes faisaient à « ceux de notre condition ».

Bien que privé de télévision, du pouvoir démystificateur de ses images, j'ai « vu » le corps criblé de balles d'Aldo Moro gisant sur le trottoir sale d'une rue de Rome. Qui était-il cet Aldo ? Un acteur célèbre, un mafioso ?... Je n'osai le demander à Maurice. J'ai vu aussi, plus nettement encore, le visage blanc de Paul VI que le pourpre de sa cape de soie rendait plus blême. Il était le plus anticommuniste primaire des trois trépassés. Comment oublier l'annonce de sa mort ? Car c'est à cette occasion que je découvris le corps nu de mon grand-père, soucieux de nous communiquer la nouvelle au plus vite (mais comment aurions-nous pu y échapper compte tenu du volume de la radio ?). Il jaillit de la salle de bains tel un possédé, sans prendre le soin de ficeler sa serviette autour de sa taille. Elle glissa le long de ses cuisses et son anatomie me fut entièrement révélée... Son torse glabre, herculéen, tanné par la chaleur irradiante de la forge, était entièrement cramoisi. Je mesurai l'envergure du corps ouvrier, mieux que lorsque nous nous bagarrions fraternellement dans son lit au bois verni de palissandre.

Soumise aux seuls auspices du son du transistor depuis la disparition brutale du téléviseur, la vie chez mes grands-parents s'en trouvait plus sereine. La télévision avait été le véritable souffre-douleur de Maurice. Il avait fallu attendre ce jour de l'été 1974 où, dans un geste cathartique, il avait projeté un buste de Vladimir Ilitch (reproduction au 1/8e) en direction du cul-de-jatte de l'ORTF, Roger Gicquel. Le journaliste n'avait pas dit un mot du Congrès Extraordinaire du Parti, puis il avait pris fait et cause pour le Parti socialiste à un moment sensible de l'Union de la gauche. Le Programme commun commençait à battre de l'aile. Il restait vingt-quatre mois de traites à payer sur le téléviseur...

Depuis ce coup d'éclat, l'arme du délit ne se lassait pas de me tourmenter. Le buste trônait sur le cadre du poste de télévision, vide d'écran, dont Louise se servait comme d'un meuble de rangement. (Elle y avait glissé un panier en osier où elle rangeait ses aiguilles à tricoter, ses pelotes de laine et quelques « patrons ».)

« Râblé, robuste, avec un crâne socratique et les yeux omnivoyants d'un homme fort madré », il était tel que Gorki l'a décrit dans son *Lénine*. Le buste en acier inoxydable avait été forgé par les gars du syndicat d'après le masque mortuaire du dirigeant soviétique. Maurice l'avait reçu à l'occasion de ses trente années d'adhésion au Parti. À la place des yeux, les sidérurgistes avaient laissé deux trous noirs, aux fonds abyssaux. « Ces trous symbolisent les deux balles reçues par le camarade lors de l'attentat réactionnaire de 1918 », me dit Maurice lorsque, à bon droit d'enfant, je m'inquiétais des conséquences de son regard sur mon appétit.

Ce fut là mon premier contact avec le socialisme réel.

À l'Ardoise, l'offre radiophonique était limitée. Nous ne disposions que d'une chaîne, Radio Luxembourg, la seule que l'on captait. La puissance de son émetteur lui permettait d'atteindre, disait-on, les côtes anglaises. La station était aux mains d'un patron de presse du Nord ayant fait fortune dans le textile. Il avait remodelé les programmes, délaissant l'information pour le divertissement. « Si j'étais président de la République, prophétisait Maurice, j'interdirais au patronat de diriger une radio ou un journal ! »

Cela ne l'empêchait pas de siffloter le générique des émissions, et même d'y « participer ». Il avait quitté l'école à quatorze ans à cause de la guerre, mais sa culture historique écrasait celle de bien des concurrents. Ces jeux radiophoniques constituaient un moment de détente pour l'ouvrier, avant qu'il n'aille s'engouffrer dans le ventre de l'aciérie.

Depuis l'édification de la *cathédrale*, dont la fonction était d'abriter le nouveau réacteur de la fonte au chrome, la charge radioélectrique de l'usine avait redoublé. Un parasitage si puissant que Maurice devait déployer des trésors d'ingéniosité pour disposer d'une bribe de signal. Le délégué syndical s'était farouchement battu pour la construction de ce four, outil de développement industriel et vecteur d'emplois. Il n'avait pas pris en compte les dommages collatéraux d'un tel acquis, où le progrès social vient ébranler le pluralisme médiatique...

Par le fenestron de la salle de bains – il le gardait ouvert pour améliorer, pensait-il, le passage des ondes – je le voyais s'agiter autour de son Radiola SV647 à antenne télescopique, qu'il pliait et dépliait tout en la faisant tournicoter dans le sens des aiguilles d'une montre, comme pour en accroître la force magnétique. À l'aide de sa main libre, il manipulait le bouton de syntonisation dans tous les sens. Il proférait aussi des injures, englouties par l'écho de l'intermodulation. Un souffle cosmique s'échappait du poste. Des voix émergeaient, se chevauchant les unes les autres. Ces bribes d'expressions, plus vaines que des SOS, excitaient mon imaginaire. Louise, en commissaire énergique des nuisances sonores, y mêlait son grain de voix rugueux : « Mets moins fort bon sang ! Tu vois bien qu'il y a rien qui passe... y'a trop de mistral... » J'admirais le caractère obstiné de mon grand-père. « Putain de *cathédrale...* »

Bâti au bord du Rhône, le village de l'Ardoise se situe à une soixantaine de kilomètres de la Méditerranée. Si le mistral s'y invite quotidiennement, le vent de la mer s'y essouffle parfois. Ces jours bénis, marqués par des relents d'embruns et de sardines, c'était comme si nous quittions la rive occidentale du Rhône. Le transistor de Maurice, calé sur les grandes ondes, diffusait des dialectes arabes et des mélopées sardes. Sans en avoir tout à fait conscience, il lui était offert de découvrir la musique gnaoua et le *Cantu a tenore*. Cette musique exotique attirait mon oreille. Je lui demandais, pour un instant au moins, de cesser d'agiter la molette. Mais pour l'ouïe difficile de Maurice, il ne pouvait s'agir que de l'enchevêtrement des voix des contremaîtres de l'usine, braillant des ordres dans leurs talkies-walkies.

La confusion radiophonique qui régnait dans la maison de l'impasse du Rhône exacerbait la colère de Louise et Maurice dut se séparer de son Radiola, jugé trop archaïque. Il se porta acquéreur d'un modèle équipé de la modulation de fréquence et proposa l'ancien à son fils, qui le refusa. Claude s'était offert un téléviseur couleur à télécommande, le premier de la cité ouvrière, alors pourquoi s'embarrasserait-il d'une radio mutique quand il lui suffisait d'appuyer sur un boîtier à ultrasons pour disposer de l'image et du son ?

Mes parents avaient retrouvé le chemin de la négociation. Ils avaient renoncé à faire un nouvel enfant mais lancé un programme d'investissement domestique, jugé moins aventureux par Mireille. Mon père avait obtenu un nouveau téléviseur et, de son côté, ma mère avait exigé un lave-vaisselle et un robot ménager multifonctions. Il avait été question de pacifier les relations afin que je fasse mon retour à la maison. Je n'étais pas favorable à ce projet mais on ne me demanda pas mon avis. Et, comme je témoignai de peu d'enthousiasme, Maurice me céda le transistor refusé par mon père afin d'accompagner mon retour, qui serait aussi celui de ma solitude.

Ma joie fut de courte durée. Dans la cité ouvrière des Bastides, distante de trois cents mètres de l'usine, nous subissions plus encore les conséquences de l'hyperproductivité : j'avais beau agiter la molette sur toute la longueur de la bande, aucun son intelligible ne s'échappait du poste. Au mieux, je disposais d'un bruissement sourd et grave, sortes de variations telluriques nées du mouvement d'essuie-glace effectué par les poches de la coulée. Depuis la fenêtre de ma chambre, j'observais les éclairs rougeoyants, fulminants, qui s'échappaient des bouches de la *cathédrale*.

Ce son et image n'avait rien à envier à celui du téléviseur de mon père.

Je ne me décourageai pas. La nuit, je gardais le transistor contre moi. Sous les couvertures, j'étouffais les harmonies exaltées de son souffle cosmique, avant de me laisser emporter dans les limbes de l'électromagnétisme.

Je me souviens d'une nuit où je sombrai dans un vaste trou noir. Je m'agitai tel un forcené, appelant le secours de ma mère comme un dernier recours avant l'anéantissement. Mes cris alertèrent mon père, qui rappliqua aussitôt dans ma chambre. D'une main leste quoiqu'engourdie par le sommeil (la droite était la plus ferme : rompue depuis l'adolescence à l'empilement des briques réfractaires pour la construction des fours à fonte), il me tira du mauvais pas où j'avais cru me trouver. Tout heureux de me savoir bien au chaud dans mon lit, je regagnai la pleine conscience. Mon bourreau me priva de ma radio le temps d'une semaine, coupable selon lui de mes mauvais résultats scolaires.

L'épiphanie survint la nuit de Noël 1979. Peu avant minuit, à l'extrémité de la bande, là où échouaient les parias de la FM, jaillit une voix d'outre-tombe. Une sorte de sermon messianique : *Les mauvais* pshhiii... *jours fini...* prrrreu... *et gare...* pruiiiiii... *à la revanch* uuuiiiiii... *quand les pôôôvr* chhiiiouuu... *s'y mettr...*

Et puis plus rien. (*prrrreeeeuuuuuiiiii...*)

Je rapprochai le transistor de la fenêtre. Cela se jouait au millimètre : *Ici le fond*... prrrreu... pshhiii... *de la mine*... pffffiiiiiouuouou... *m'entendez cama*... pshhiiii...

Une autre voix mâle se fit entendre, plus proche : *Vas-y... parle cama*... pshhiii... *tu es en direc*... pshiiii *l'antenne est... ààààà... touâââ...*

La voix caverneuse reprit : *...en lut*... pschhiii... *zzzzz'occupons le fond*... pschhiii *...demandons*... prrrreu... *soutien*... pschhiii.... *pop*... pschheuuu...

Et puis, avant un nouveau silence, définitif cette fois : *Il est miiiinuit cama*... pchheuuu ... *rade... joâââ... no... êêêl...*

C'était la radio de lutte des mineurs du bassin des Houillères des Cévennes, terrés à l'autre bout du département. Maurice m'en avait parlé. Ils émettaient clandestinement depuis le puits de Ladrecht, par cent mètres de fond. Leurs voix traversaient le noyau terrestre et rayonnaient jusqu'à l'Ardoise.

Les douze coups de minuit avaient sonné. Je quittai ma chambre pour me poster derrière la porte du salon, dans le noir, l'œil rivé au trou de la serrure. Le sapin était dans ma ligne de mire. Le Père Noël n'allait plus tarder. Je lui avais commandé une nouvelle antenne pour mon transistor, capable de dépasser la plus haute tour de la *cathédrale*.

Dans le salon, la guirlande délivrait sa lumière anémique. Une forme était affalée dans le canapé. C'était Claude, dont l'index était crispé sur la touche off de la télécommande.

Son front dégarni n'affichait pas une ride. De ses deux lèvres finement ourlées s'échappait un ronflement régulier.

Combien de temps suis-je resté ainsi, à genoux derrière la porte, à implorer mon père de rejoindre le lit conjugal ? Sa présence troublait le passage de la providence. Je l'avoue, j'ai prié (en fermant les yeux pour cacher ma honte). Lorsque je les rouvris, je vis un homme s'agiter au pied du sapin. Il était imberbe et chauve. Il portait la veste de survêtement de l'Olympique de l'Ardoise, jaune à fines rayures noires, offerte par le Comité d'établissement de l'usine...

Mon salut ne viendrait pas du ciel.

Le lendemain matin, je découvris un paquet rectangulaire, lourd et mochement emballé. C'était le Robert bleu. Sur la page de garde était tamponné : *La commission scolaire du Comité d'établissement d'Ugine Aciers souhaite qu'il te soit d'une grande utilité pour tes études.*

« L'année prochaine, tu auras le rouge, celui des noms propres », me dit Claude qui n'avait même pas pris la peine, en ce jour de fête, de quitter son survêt.

Lorsque Maurice se présenta aux Bastides pour le déjeuner de Noël, je lui fis part des voix que j'avais entendues dans la nuit. C'est Louise qui me répondit :

« Ne m'en parle pas, il passe son temps à écouter Radio Castagne (c'était le nom choisi par les mineurs), je n'ai plus accès à la salle de bains ! »

J'essayai de les entendre les nuits suivantes, sans y parvenir. Mes tentatives durèrent ce que dure la clandestinité. Jusqu'à ce que mon père ne fasse une nouvelle entrée fracassante dans ma chambre. Je compris en un éclair que l'âge d'or de la radio n'aurait plus cours ici. Et que, pour le raviver, il me faudrait retourner vivre chez Maurice et Louise.

2

Le gros et la petite

Tout commença incidemment, comme si rien n'avait été orchestré...

Peu avant le début de l'été, ma mère alla trouver Maurice : « Le gosse m'inquiète, il n'arrête pas de prendre du poids. Je l'ai pesé, il a pris trois kilos. Il en fait trente-huit... c'est énorme à sept ans. »

Mon grand-père m'inspecta de la tête aux pieds. Puis des orteils au sommet du crâne. Il cherchait à se donner du temps avant de rendre un jugement qui, pour lui, n'allait pas de soi. Une sorte de pudeur virile le tenait à l'écart des considérations physiques, pour ne rien dire de celles qui relevaient de l'esthétique.

« Il a toujours été gras, dit-il en détournant le regard, il suit une évolution normale... »

Mireille avait dû faire appel à Maurice car mon père l'avait éconduite quelques jours plus tôt. « Tu ne peux pas le prendre au foot avec toi ? » avait-elle proposé à Claude, avant qu'il ne s'empresse de lui expliquer que l'OA n'était pas un centre de cure thermale.

« Il va devoir s'entraîner dur pour jouer le championnat. Ton fils n'a pas le goût de l'effort. Je ne vois pas de qui il tient... » Devant l'insistance de Mireille, il avait finalement accepté de m'intégrer dans l'effectif du club.

L'OA c'était l'Olympique de l'Ardoise. En sa qualité de secrétaire du Comité d'établissement de l'usine, mon père avait toute latitude pour financer le club, ce qui lui assurait une place de titulaire le dimanche, au poste d'avant-centre de l'équipe première.

Je faisais une piètre recrue. Rien dans mon corps ni dans mon tempérament ne me prédisposait à l'attaque. Pas davantage, je ne me serais risqué à m'engager dans des actes défensifs. J'étais d'une nature craintive, pour ne pas dire couarde.

L'entraîneur me relégua à l'entre-jeu, une zone nébuleuse du terrain, trop tactique pour bénéficier d'une définition claire dans le football amateur. Ses conseils se limitaient à une consigne, que lui avait martelée mon père : courir. Courir en direction du ballon, peu importe sa position sur le terrain, voire en dehors, dans les broussailles ou la pente qui, derrière la cage du gardien de but, filait vers la route nationale et le carrefour du *Bon coin*. Courir.

Le technicien était un ancien joueur professionnel recruté par l'usine, sur les conseils de Claude, à un poste de cadre. Comme il n'avait jamais travaillé autrement qu'avec ses pieds, on l'avait nommé à l'atelier chimie, où l'on composait de fines combinaisons d'alliage pour la production de l'acier inoxydable. C'était la meilleure planque de l'aciérie. Le footballeur végétait de 9h à 17h dans un bureau vide où, sur un tableau noir, il préparait des schémas tactiques alambiqués pour des ouvriers qui avaient surtout à cœur de se défouler.

Son véritable emploi était celui d'ailier, en charge d'aligner les centres à destination du secrétaire du Comité d'établissement. À chaque coup de tête de mon père qui finissait dans les filets adverses, il touchait une prime payée par le patron. C'était le seul joueur du club de l'usine à être intéressé par un gain de productivité le dimanche. Une victoire de l'OA et c'était l'assurance que l'on parlerait du résultat du match durant toute la journée du lendemain, plutôt que des revendications salariales.

Le crâne de mon père était pareil à un fétiche. Après chaque but, les joueurs accouraient des quatre coins du terrain pour le baiser comme une relique. À l'usine, on le surnommait « boulard », en raison certes de son obstination à tenir tête au patron mais aussi du caractère passionnel qu'il vouait au jeu de tête, toujours efficace alors que sa taille n'excédait pas le mètre soixante-cinq. Avant chaque match, ma mère lui rasait le carafon. C'était un moment d'intimité entre eux, auquel il m'était pénible d'assister.

À l'OA, on se gardait d'évoquer ma filiation avec le délégué syndical. Mais chaque week-end, c'est mon nom que l'entraîneur couchait en premier sur la feuille de match. Grâce à l'argent du CE, l'Olympique de l'Ardoise attirait les meilleurs joueurs de la circonscription. Pour s'y faire licencier, il suffisait qu'un parent travaille à l'usine. Une dérogation était possible. Le blason du club, un marteau enserré par les flammes, impressionnait les visiteurs. Et que dire de notre maillot, d'un jaune éclatant, avec ses rayures noires qui assainissaient la silhouette. Nous en avions plusieurs jeux, et même de l'eau chaude dans les douches. Rien toutefois qui ne fut en mesure de masquer mon incurie.

Afin d'assurer la pérennité de son emploi à l'usine, l'entraîneur se livrait depuis le bord du terrain à de puissantes séances d'exorcisme. « ... Tu m'entends ?! Cours je te dis... vas-y !... mais cours nom de Dieu ! » Étourdi par ses exhortations, je tournoyais sans fin, hébété, dans le rond central. Après chaque rencontre, mes prestations le laissaient sans voix durant de longues minutes.

Une défaite après l'autre, mon père déployait ses qualités

argumentaires afin de justifier ma place dans l'effectif et que je ne subisse jamais l'outrage d'un repositionnement sur le banc de touche. Je ne cherche pas à me trouver des excuses, mais les poussières et les fumées de l'usine avaient amoindri mes capacités pulmonaires, à tel point que le médecin du club, d'un commun accord avec mon père, me diagnostiqua un asthme chronique.

Ma fragilité était surtout d'ordre mental. Un surnom accompagnait chacune de mes sorties dans les villages alentour, d'origine paysanne, et donc dépourvus de culture ouvrière. Je fus d'abord « le boulanger ». Avant de devenir « le boulanger de Moscou ». À cause de mes cuisses certes, puis de l'élection de mon père au conseil municipal de l'Ardoise, sur la liste du Parti. Mon manque de vitesse m'obligeait à intervenir le plus souvent par-derrière. De boulanger je devins « le boucher de Moscou ». Avais-je d'autre option que de me montrer rugueux envers l'opposant ? Il aurait fallu entendre ma frustration, immense, de ne jamais me trouver en possession du ballon...

Par surcroît, j'aimais faire mal.

Le terrain se prêtait à un jeu rude. Ce champ caillouteux appartenait au 1er Régiment étranger de génie de l'Ardoise, l'autre fierté du village. Les légionnaires y réglaient les chenilles d'engrenage de leurs chars Leclerc. Nous en disposions uniquement les jours de match. Un calendrier était établi entre le président de l'OA et le major du 1er REG. Si bien que lorsque les légionnaires préparaient une campagne, au Tchad ou au Liban, nous devions déclarer forfait. Cela obligeait mon père à suivre de près l'actualité internationale, même si la course à l'armement nucléaire américain ou les premières explosions françaises de bombes à neutrons entendues du côté de Mururoa l'intéressaient peu. Il prit pourtant la présidence de l'antenne locale du Mouvement pour la paix, organisme aux mains du Parti, fustigeant à coups de communiqués la diplomatie française. Il se révéla un pacifiste farouche. Avait-il le choix? C'était le seul terrain disponible à l'Ardoise, à l'écart des crues du Rhône.

Grâce à mon asthme, je pus disparaître de l'effectif avant la fin de la saison, sans que Claude ne perde la face. Les élections du personnel approchaient et il était encore temps de sauver le club de la relégation.

C'est à ce moment-là qu'intervint Maurice, comme un dernier recours.

« Tu ne veux pas l'inscrire au judo? suggéra-t-il à Mireille, apprendre à lutter lui sera toujours utile. »

Ma mère fit la moue. Le club de judo ne dépendait pas du CE, peu enclin à financer des pratiques sportives individuelles.

« Si tu préfères, je peux le prendre pour faire la tournée des boîtes aux lettres le soir après l'école. Il y a aussi la distribution des tracts sur le marché de Bagnols-sur-Cèze le mercredi. Et puis celui de Laudun le samedi, celui de

Roquemaure le dimanche matin. Ce n'est pas le travail physique qui manque à la cellule. »

Nous possédions la commune, le canton et la circonscription, mais nous pouvions basculer à tout moment dans la social-démocratie. La tension était à son paroxysme avec nos « camarades » socialistes et Maurice veillait scrupuleusement à ce que la césure fut nette entre les deux partis, surtout depuis que Mitterrand avait remis en question les accords du Programme commun. Mon grand-père était plus furax que Georges Marchais, lequel avait écourté ses vacances en Corse après avoir lancé son fameux « Liliane fais les valises, on rentre à Paris ! » en plein journal télévisé.

Les négociations entre ma mère et son beau-père débouchèrent sur un accord. J'accompagnerais Maurice une fois par semaine, après mes devoirs, dans sa séance de tractage (deux fois pendant les campagnes électorales). Quant au marché du mercredi, où les accrochages pouvaient être vifs avec les *soces*, Mireille estima qu'il était trop tôt pour m'y mêler.

Avant ce passage à l'acte militant, je devais prendre ma carte au *petit* Parti : le Mouvement de la Jeunesse Communiste de France. Une carte rouge sur laquelle était inscrit en lettres blanches : MJCF.

Comme l'Ardoise ne comptait pas de cellule de la Jeunesse Communiste, nous avons dû nous rendre à Nîmes, à une cinquantaine de kilomètres, où se trouvait le bureau du secrétaire départemental du Mouvement, logé dans les locaux de la fédération du Parti. Il me paraissait vieux, alors qu'il n'avait pas trente ans. Il portait une boucle d'oreille et une chaîne en or, à laquelle étaient suspendus une faucille et un marteau. Sa mise était étrange : un jean troué, une large chemise à fleurs et des cheveux longs jusqu'aux épaules. Il portait des baskets dont la marque m'était interdite. Ce devait être un de ces rénovateurs, aux idées larges, plus vastes que l'Ardoise.

Comme l'apparatchik s'étonnait de mon âge, Maurice en profita pour exercer son ironie : « Nous sommes des orthodoxes chez les ouvriers... nous nous marions tôt avec le Parti... » Il ne blaguait qu'à moitié. S'il avait peu d'affection pour les bureaucrates appointés par le Parti, Maurice était un légaliste. Militer sans avoir préalablement pris sa carte, c'était pire que de voter blanc ou de prôner l'anarchisme. C'était s'engager pour rien. Militer dans le vide.

J'écrivis mon nom et mon prénom au bas du document, puis je dessinai grossièrement une faucille et un marteau en guise de signature. Je pris enfin possession de ma carte, que je serrai entre le pouce et l'index durant tout le chemin du retour vers l'Ardoise. Pour la première fois, je détenais en propre un document officiel. Ma première pièce d'identité.

Je n'étais membre que du *petit* Parti mais je me dépensai sans compter pour qu'il grandisse. Je bâclai mes devoirs pour rejoindre Maurice au bureau de l'Union locale de l'usine (on mêlait joyeusement les affaires du Parti avec celles du syndicat), où je pliai les tracts fraîchement imprimés sur « la deux couleurs ». Puis nous allions les déposer un à un dans les boîtes à lettres du village. Mon entrain fut si manifeste que je reçus bientôt l'autorisation d'accompagner Maurice sur les marchés. J'étais alors chargé de tirer le chariot à provisions de Louise, gavé de matériel de propagande.

Une nuit, la veille du scrutin cantonal de 79, j'accompagnai Maurice à la croisée de la nationale et de l'embranchement autoroutier, sous le pont de l'A7, qui offrait une exposition exceptionnelle aux plus obscurs aspirants à un mandat électif. Nous nous tenions aux aguets derrière la culée de l'ouvrage, Maurice armé d'un balai-brosse badigeonné de colle tandis que je déployai fébrilement, perché sur l'escabeau dont Louise se servait pour attraper les boîtes de conserve empilées sur les rayonnages de la *réserve*, un portrait gigantesque de notre candidat : mon père. Je plaquai son visage contre le pilier de soutènement tandis que Maurice l'enduisait de colle. Son sourire inspirait tellement confiance que je me demandais : et si ce Claude Bonnefoi n'avait pas été mon père, aurais-je voté pour lui ? Maurice faisait de grands gestes, vifs et circulaires. Il fallait faire vite. Des grumeaux de colle s'aggloméraient sur ma peau. Je n'y prêtais pas attention. Mon pouls battait la chamade car nous étions dans l'illégalité la plus totale. Comment pouvions-nous mettre le

Parti dans une position condamnable ? Minuit avait passé. Nous n'avions plus le droit d'afficher nos idées. Une loi qui révulsait Maurice.

Rongé par la culpabilité, je lui fis part de mon émoi. Grâce à l'écho du pont, la réponse de mon grand-père résonne toujours en moi :

« Tu crois que les *soces* le respectent, eux, le code électoral ! »

J'appris à me taire. À exécuter les ordres.

Dans l'ombre de Maurice, je reçus une stricte éducation militante. Comment le secrétaire départemental pourrait-il me refuser le renouvellement de ma carte ? C'était là mon obsession.

Ma mère délégua toute la gestion de mon temps libre à mon grand-père. Sa méthode faisait ses preuves. Pour la première fois depuis ma venue au monde, j'avais la ligne.

Et j'étais prêt à redoubler d'effort pour la garder.

3

Un camarade passe à table

Le 10 mai 1981 ne fut pas le jour heureux que l'on croit. Je me trouvais dans la salle de bains avec Maurice et Louise, tous les trois serrés autour du poste, quand la radio épela le nom du candidat socialiste. Le présentateur n'eut pas le temps de finir de prononcer le nom de François Mit... que Maurice coupa le volume. Il y eut un long silence, puis il prononça cet oracle, tout en métaphore, dont la portée politique échappa à mes oreilles juvéniles : « Le fumier est dans le fruit... et c'est nous qui l'avons mis... il va nous bouffer... »

J'étais accablé. Non pour le Parti mais pour Maurice qui se dirigeait vers la chambre, l'air abattu. Louise avait dressé la table mais le vieux combattant alla se coucher sans souper. On ralluma le transistor discrètement. La fête battait son plein à Paris mais à l'Ardoise, la victoire était amère.

Mon père, un partisan de la première heure de l'Union de la gauche, avait voté des deux mains pour le candidat socialiste au second tour. Il avait poussé le zèle jusqu'à distribuer des tracts sur le marché de Bagnols-sur-Cèze, non pas dans son *bleu* mais en tenue de ville. Maurice n'avait pas digéré ses marques appuyées de soutien au frère ennemi, que mon père minorait en rabâchant, à table : « Ce sera toujours moins pire que la droite... » Cela pouvait même être une chance pour l'avenir de la sidérurgie française... Maurice n'en démordait pas : « Ce salopard va nous bouffer. »

J'étais retourné vivre au bord du Rhône, chez mes grands-parents, les accords conclus entre Mireille et Claude n'ayant pas produit le regain espéré. Avant le début de la campagne des présidentielles, ma mère avait lancé un ultimatum à son époux : elle ne tolérerait plus ses absences répétées. Elle ne plaidait pas pour la cause du couple, en état de mort affective depuis de nombreuses années, mais pour la mienne. « Ton attitude n'est pas bonne pour l'équilibre du petit », lui dit-elle un soir après avoir estimé que le brouhaha de la télévision couvrait le son de sa voix. Ma mère ne se cantonnait pas à la lecture de *L'Humanité* et à une connaissance empirique de la psychologie des masses. Elle avait aussi le sens de la souffrance individuelle.

Je n'étais pas de son avis. L'absence de Claude, c'était comme l'élection des socialistes : un mal pour un bien. Et j'avais envie de lui dire : « Sois un peu patiente... c'est le dernier coup de reins... nous sommes aux portes du pouvoir ! »

Claude ignora les avertissements de sa femme. Il sécha l'anniversaire de leurs dix années de mariage, au prétexte d'une réunion préparatoire à la venue de Georges Marchais dans le département. Ce fut la réunion de trop.

Au lendemain du premier tour, suite à la cuisante défaite du candidat communiste, ma mère tira, la première, le maigre bilan de la campagne : « Tout ça pour ça... quel gâchis... »

La déroute était totale.

Du côté du Parti, c'est Maurice qui, en sa qualité de secrétaire de cellule, monta au créneau. Il convoqua une réunion « exceptionnelle » dans la salle à manger. Elle se déroula devant une assemblée asthénique. Le résultat du premier tour appelait une réaction d'orgueil. Contre l'avis de la direction nationale, mais sans jamais le nommer, il affirma qu'à titre personnel, il ferait tout pour « battre la couleuvre ». Là encore, à un âge où le second degré nous retranche de la communauté, je restai interdit. Jamais au cours de ses deux septennats, je n'entendis Maurice prononcer le nom du président socialiste. Au mieux l'appelait-il d'une forme contractée, « Mitran », pour éviter de trop se salir la bouche.

« On va tout de même pas voter Giscard ?!... », fit remarquer un camarade planté en bout de table. Maurice ne répondit rien. Il eut un sourire d'aise puis il se leva.

Mon grand-père avait vu juste. Les noces gouvernementales de l'Union de la gauche furent de courte durée. La nationalisation de Pechiney Ugine-Kuhlmann déboucha sur un plan social qui réduisit les effectifs de l'usine de l'Ardoise. Maurice fut licencié. Claude rasait les murs, y compris la nuit, lorsqu'il s'aventurait à coller les nouvelles affiches du Parti, dont le mot d'ordre était « Produisons français ! ».

Naturellement, Maurice s'était prononcé contre la participation des ministres communistes au gouvernement. À l'instar de notre famille, les ouvriers de la cellule étaient divisés. Les optimistes voulaient donner une chance à l'espoir, après des décennies de partage du pouvoir entre les droites. Maurice, lui, ruminait. « Saleté de couleuvre... »

Place du Colonel-Fabien, non content d'avoir à digérer les échecs électoraux successifs, on devait assumer la politique d'austérité menée par le gouvernement socialo-coco. Un vent de division commençait à souffler et les premiers « rénovateurs » pointaient le bout de leur nez. Parmi eux, un agrégé d'allemand très actif dans l'entourage du puissant secrétaire général Marchais : Pierre Juquin. Ce dernier produisait sa propre partition, dissonante, critiquant à mots couverts le centralisme démocratique du Parti. Maurice l'avait dans le collimateur, malgré leurs communes origines auvergnates. C'est lui que le Parti dépêcha à l'Ardoise pour calmer la colère de sidérurgistes désorientés.

C'était une tradition, la maison de mes grands-parents tenait lieu de table d'hôtes aux apparatchiks de passage. Sa position était idéale, à un jet de pierre du parvis de l'usine où se déroulaient les rassemblements et les piquets de grève, les discussions improvisées autour des distributions de tracts. Un forum où chacun affinait sa culture politique.

La cuisine de Louise avait acquis une belle réputation du côté de la maison des Métallos, dans le onzième arrondissement de Paris, où le chef de la Confédération Générale du Travail, Georges Séguy, en avait vanté les mérites. Le dirigeant syndical l'avait goûtée lors de son passage à l'Ardoise en 1979, où il était venu tirer la sonnette d'alarme (« ils ne vont pas s'arrêter là ! »), après la signature du Plan Acier de Barre et Giscard, lequel plan avait occasionné une première saignée dans la sidérurgie française. Des mérites culinaires qui, compte tenu des liens étroits, voire consanguins, entre la Cgt et le Parti, avaient rejailli sur tout le Comité central, jusqu'au Bureau politique. On ne comptait plus les dirigeants venus se mettre à table chez Louise.

Maurice me chargeait, au nom de la cellule, de piloter les camarades de marque jusqu'à la table de l'impasse du Rhône, après les différentes prises de parole. Dans la nuée d'hommes en bleu, je les collais mieux qu'un aimant la limaille de fer. Je ne sais pas pourquoi mais je plaignais ces grands animateurs, à l'analyse subtile et aux tenues si élégantes, d'avoir à se colleter avec la sueur ouvrière.

À peine Juquin était-il descendu de son piédestal, tout électrisé par la ferveur de son discours (ou simplement ému de s'être sorti de ce mauvais pas à moindres frais), que j'entrai en contact avec lui. Mais voilà qu'il m'ignorait, occupé à serrer des mains dans la foule comme s'il avait été en campagne. Les occasions de sentir la chaleur de la horde étaient rares pour celui qui ne s'était jamais frotté au suffrage universel. Il allait de poigne en poigne, redisant à chacun combien la situation politique était « compliquée ». Au moment où il regarda sa montre, j'empoignai le bas de sa veste. Il se retourna, suspicieux. Un camarade le rassura : « C'est le petit fils de Maurice le Rouge, le secrétaire de cellule. » Je lui remis un morceau de chrome, le traditionnel cadeau des sidérurgistes aux visiteurs, puis lui demandai de me suivre chez mes grands-parents. Il hésita, jusqu'à ce qu'il lorgne le barbecue installé par l'intersyndicale en plein cagnard, où l'on distribuait dans une fumée épaisse des manchons de pain saturés de merguez et de moutarde. La sono de la section crachotait en boucle le *Chiffon rouge.*

La cuisine de ma grand-mère n'avait rien d'exceptionnel. Sa qualité reposait sur un emploi généreux de la margarine, un lubrifiant à l'origine douteuse, méconnue des fines bouches, dont l'avantage est de rehausser les plats les plus modestes en les revêtant d'une couche de gras invisible à l'œil nu mais à l'amertume tenace. Elle plaisait généralement aux camarades.

Le menu du jour était celui de la veille : une grande boîte de conserve de pois-carottes et des morceaux de steak du boucher de l'Ardoise, recouverts d'un tapis d'ail grossièrement émincé. Maurice arrosait le tout avec un flacon de côtes-du-rhône de la rive droite, tiré du cubi, autrement charpenté que l'émoustillant d'en face, élevé en Provence. Louise avait dressé l'immense table de la salle à manger où se tenaient les réunions de cellule. L'occasion était belle d'échanger les couverts ferrailleux pour le service en inox signé Guy Degrenne, le plus illustre client de l'usine.

Le camarade était pressé. L'après-midi, il était attendu dans les Cévennes où la tension montait d'un cran entre les mineurs du bassin d'Alès et les représentants locaux du parti socialiste. Il lui faudrait jouer fin, là encore... Devant l'usine, déjà, il avait dû faire appel à sa science rhétorique d'ancien normalien pour contenir l'exaspération prolétarienne. « Les cailles ne vous tomberont pas toutes rôties dans la bouche... », avait-il lancé, impétueux, mégaphone en main. Une rumeur avait traversé la masse bleue. L'un hurla : « C'est pas normal d'avoir à faire grève avec la gauche au pouvoir... Ils attendent quoi les camarades là-haut pour secouer *la Mite* ? » On craignit un moment pour la sécurité du membre du Bureau politique, mais l'ambiance resta bon enfant. Le tribun avait su tenir son rôle, qui était de garder les braises au chaud. Pas de jouer les pyromanes.

Sur sa chaise imitation Louis Philippe, Pierre Juquin semblait éteint. Ses frêles épaules de professeur n'étaient pas taillées pour défendre, jour après jour, des dockers de Marseille aux mineurs du Nord, l'intenable ligne de son parti. Il ne trouvait plus dans ses mâchoires la force de mastiquer sa viande. Il avait relégué sur le bord de l'assiette les rognures fibreuses de son steak, taillé dans la bavette de flanchet de la bête. Restes que Louise avait aussitôt empoignés pour les jeter au sol. La familiarité du geste généra un raclement de gorge chez le dirigeant, alors que le premier corniaud de passage aspirait ses déchets, laissant une trace luisante sur le carrelage.

« C'est propre chez vous... », lança-t-il à la volée pour occuper sa gêne.

Maurice avait pris place en face du camarade. Il avait à cœur de profiter de l'aubaine : croiser le fer avec la plus fine lame du Parti. Une joute délicate, tant sa colère était grosse depuis son licenciement. Devant le camarade, il s'empêtra dans un discours rudimentaire, de ceux qui ennuient prodigieusement les hommes d'appareil. Juquin abandonna un bâillement discret dans sa serviette. J'étais triste pour mon grand-père, prisonnier d'un tempérament qui ne lui laissait aucune chance de rejoindre les rangs du Comité central, même au titre des non-alignés.

L'épaisseur de son propos finit d'irriter le bureaucrate, fatigué d'être assimilé aux nantis qui mangeaient dans la main du copain de René Bousquet à l'Élysée. Il regarda une nouvelle fois sa montre. L'après-midi était bien avancée. Il se dégagea sans ménagement de sa lourde chaise, dont un pied heurta le museau du chien, vautré à ses pieds depuis l'affaire des rogatons. Louise avait retapé sommairement l'animal, que Maurice avait trouvé près du Rhône. Il demeurait étranger à toute reconnaissance et ses réactions étaient imprévisibles. L'arriéré sauta sur le jarret du camarade, la gueule grande ouverte. « Youki ! » hurla Louise. L'apparatchik s'en était déjà délivré d'un vilain pas chassé. La virulence du geste appela cette remontrance indignée de Louise : « Il est vacciné contre la rage, camarade ! »

Juquin enfila sa veste. « Merci pour votre accueil. Je dois vous quitter, les camarades mineurs m'attendent... » En passant devant Louise, il voulut donner une tape amicale sur le crâne du chien, parti se réfugier dans les jupes de sa maîtresse. Un grognement retint son geste.

Personne ne se leva pour le raccompagner. Sur le pas de la porte, il prononça cette phrase équivoque : « Votre réputation n'est pas usurpée camarade Bonnefoi... »

Était-elle destinée à la cuisine de Louise ? Il n'avait pas touché à sa part de gâteau au yaourt.

4

Coco Boer

La rupture familiale couvait depuis plusieurs années. Elle survint aux premiers jours du mois d'octobre 1983.

Le licenciement de Maurice avait ravivé les tensions avec son fils, soumis à une succession délicate au poste de délégué syndical. « À la casse ! tonnait le grand-père, on liquide la principale force d'opposition du pays dans l'indifférence générale... » Il ne se privait plus de critiquer la stratégie de Claude : « On ne peut pas laisser passer ça... il faut mobiliser les gars... qu'est-ce que vous attendez pour vous mettre en grève ? » Il jetait des regards noirs dans ma direction, comme si j'avais été coupable de collusion avec mon père. J'acquiesçais discrètement pour que ce dernier, mis en minorité à table, ne me voit pas le trahir.

Claude levait rarement le nez de son assiette, comme si la charge sur ses épaules était trop lourde. Après tout, il n'était qu'un enfant du baby-boom. Un rejeton des *sixties*. Son embauche précipitée à l'usine ne lui avait pas laissé le temps de troquer ses 33 tours des Chaussettes noires contre ceux de Jean Ferrat ou d'Isabelle Aubret. Il avait dû se débarrasser de sa Triumph décapotable, financée grâce à des emplois d'ouvrier intérimaire qu'il avait effectués aux quatre coins du pays, pour une Renault 16 cinq portes d'occasion, *La voiture à vivre*.

Quand le silence était trop lourd autour de la table, Louise invitait Bibi à nous rejoindre. Elle n'avait qu'à lancer un signal (« hop ! ») et le chien faisait son apparition sur la chaise disposée en bout de table, d'où son museau noir émergeait à peine. « Et voici le grand Zampano ! » annonçait-elle, sans avoir jamais vu le film de Fellini. Sa compagnie falote nous était un soulagement.

Bibi n'avait d'yeux que pour nos assiettes. Il attendait son heure en couinant d'impatience, tout tremblotant. Il balançait la tête d'un côté tout en relevant l'oreille opposée pour garder la maîtrise de ce qui se passait aux deux pôles de la tablée. Il n'y avait que ses griffes, noires et épaisses, patinant sur l'assise en formica de la chaise, pour nous rappeler la tension qui régnait dans la pièce. Lorsque des filets de bave se mettaient à couler le long des babines de l'animal, mon père, qui n'était pas à l'aise avec les signaux du désir, sortait de sa réserve. Il s'emparait du premier journal venu (*La Vie ouvrière, L'Humanité*...), le faisant tournoyer au-dessus de sa tête à la manière d'un lasso. Les ongles de Bibi crissaient une dernière fois avant de se repositionner sur le carrelage froid, au pied de Louise. Ce chien tenait à merveille son rôle de divertisseur.

Mon père avait acquis un modèle plus récent de téléviseur, équipé d'une télécommande dernier cri. Il avait contracté un nouveau crédit, endettant lourdement le ménage, et ce malgré le tournant de la rigueur. Le Parti avait repris ses quatre soutiers au flibustier de Jarnac. L'avenir ne laissait rien entrevoir de bon.

Écrasé par le poids de ses nouvelles responsabilités syndicales et politiques, Claude s'attardait dans des réunions toujours plus nombreuses. Et, quand il rentrait à la maison, le téléviseur ne faisait qu'alimenter son désarroi. Les touches en plastique de la télécommande, peu réactives, l'obligeaient à s'y reprendre à plusieurs fois avant de jouir de son programme. Le modèle était perfectible. Et notre chatte Julie, d'origine siamoise, race que l'on sait sensible aux ultrasons, devait se soumettre à la gestuelle frénétique de Claude, adepte du *zapping*. Elle poussait des feulements de rogomme à chaque changement de chaîne. Si bien qu'un jour, n'y tenant plus, elle déserta le foyer.

Mireille allait la suivre quelques semaines plus tard...

Peu avant son départ, elle m'avait proposé de faire les boutiques à Bagnols, comme nous aimions les faire autrefois. Ayant pris un peu de poids, elle ressentait le besoin d'une robe neuve, colorée, qui puisse admettre ses nouvelles formes. Elle me dit aussi vouloir sacrifier ses beaux cheveux bouclés pour une coupe à la garçonne. Je l'attendis dans un café, comme à chaque fois qu'elle avait une « course personnelle » à faire. Qui pouvait lui prendre des heures. Mireille soudoyait mon attente avec des pièces de cinq francs, que j'engloutissais en quelques secondes dans le flipper du commerçant. Au bout de l'ennui, j'imaginais le portrait de son amant, si dissemblable à celui de mon père.

Lorsqu'elle poussa la porte du bar, je ne la reconnus pas. Le coiffeur l'avait débarrassée de quantité de cheveux. Ses yeux brillaient sous l'éclat de sa nouvelle couleur : ma mère était blonde.

La seule femme aux cheveux d'or que j'avais rencontrée à l'Ardoise s'était assise un jour à côté de moi en classe. Elle s'appelait Carole. Contrairement à Mireille, c'était une vraie blonde. Ses cheveux étaient fins comme ceux d'un nouveau-né. Au moindre courant d'air, ils se soulevaient par petits paquets transparents, qu'elle repositionnait en fermant les yeux, les effleurant à peine avec la pulpe des doigts pour ne pas les salir. Son père était un ingénieur, nouvellement muté à l'usine.

Sa présence fit beaucoup pour l'évolution de mes manières.

J'avais tant d'admiration pour sa posture que, du jour au lendemain, je décidai de ne plus m'avachir à table. Sans avoir à me consentir un regard, elle rectifia une attitude qui exaspérait ma mère depuis ma naissance. « Tiens-toi droit ! », avait été l'antienne de mon enfance. Mon dos, ma fourchette, mes cahiers d'écolier ou ma langue : je tenais tout de travers.

Les mois s'égrainèrent en silence auprès de la douce Carole, car j'étais dans l'incapacité de lui adresser la parole. Contrairement à l'engagement que j'avais pris auprès de l'institutrice, je ne pus l'aider à combler son retard et sa scolarité en pâtit. J'avais ma lutte des classes à mener. Moi, le petit-fils de Maurice-le-Rouge, venir en aide à une fille d'ingénieur ! Sans cette conscience politique précoce, qui sait si je ne me serais pas autorisé à vivre ma première histoire d'amour...

À notre retour de Bagnols, cette fin d'après-midi d'automne, Claude ne jugea pas utile de commenter la métamorphose de sa femme. Dans son esprit noueux, lui épargner un sarcasme, c'était comme lui faire un compliment. Il laissa filer ainsi sa dernière chance de la retenir.

Tout se passa très vite.

Quelques jours plus tard, un matin, derrière la rangée de cyprès dressée entre la cité ouvrière et l'usine, je reconnus la voiture du frère de ma mère. Le jour n'était pas levé. Mon père avait rejoint l'aciérie. Nous nous sommes engouffrés dans le véhicule avec deux valises. J'ignorais ce que contenait la mienne. Peu après la sortie de l'Ardoise, ma mère se retourna vers moi : « Je quitte ton père. On va aller vivre à Nîmes tous les deux. » Mais c'est bien au-delà de moi qu'elle regardait.

Je fus inscrit au collège de notre nouveau quartier, dans une ZUP où se mêlaient des enfants de toutes les origines. Je n'avais connu un tel mélange qu'à la kermesse annuelle des légionnaires de l'Ardoise, la fête de Camerone, où de jeunes femmes venues des quatre coins du globe concouraient à l'élection de Miss Képi blanc. Il y avait là des Cambodgiennes et des Sénégalaises, des Yougoslaves et d'autres filles venues du froid, de Sibérie ou de Laponie (« pâles comme des merdes de laitier », disait Louise). Chaque 30 avril, je les voyais descendre du bus au carrefour du *Bon coin*. Je les orientais vers le camp du 1er REG. Alors, l'Ardoise s'émancipait un peu de la Gaule.

Nous vivions dans une barre d'immeubles étrangement baptisée Soleil Levant, alors que nous nous trouvions à l'ouest de la ville. D'ailleurs, quelle que fut l'heure du jour, on ne voyait pas plus l'horizon que le ciel par les fenêtres de notre trois-pièces. Ma mère trouva rapidement ses marques dans ce nouvel environnement. Il faut dire que nous n'étions pas seuls à y vivre, ce que j'appris incidemment.

Une nuit, en me rendant aux toilettes, je surpris un

homme nu dans le couloir. Je hurlai au voleur. Je n'avais eu qu'à moitié tort. Le lendemain matin, Mireille creva l'abcès et je me retrouvai assis, un croissant à la main, devant le successeur de mon père. L'homme me posa une série de questions, pointues, plutôt personnelles – « Est-ce que tu as une copine ? Qu'est-ce que tu voudrais faire plus tard ? Tu aimes les Beatles ?... » Ma mère souriait, admirative de sa curiosité. Je n'avais jamais subi un tel interrogatoire, auquel j'opposai un silence gêné. Les deux ne devaient pas se connaître depuis très longtemps, sans quoi Mireille lui aurait expliqué que, d'où nous venions, on ne se pose pas ce type de questions intimes.

Et, quand je pensais à Claude, resté seul à l'Ardoise, incapable d'utiliser les ustensiles ménagers que nous possédions en assez grand nombre, je ne ressentais aucune compassion. Il l'avait bien cherché. J'avais juste à cœur que mon père survive, le temps que Mireille retrouve ses esprits, car enfin comment pourrait-elle échapper durablement à la toute-puissance de l'Ardoise ?

Mais présentement, celui qui m'obsédait, c'était l'étranger posté entre mes deux parents. Il avait tous les atours du type dangereux. C'était un lascif. Du genre à vous souffler des mots doux qui vous font perdre en quelques heures le bénéfice d'années d'austérité, nécessaires à un esprit sain et combatif. Je me disais : ce type sans conviction est là pour tout gâcher. Jusqu'à l'unité prolétarienne.

J'avais fait mienne la conception de Maurice : l'amour

est un labeur. Comme un ouvrier sa machine, il faut des années pour l'apprivoiser. Mireille et Claude comptaient dix pauvres années de mariage. Une paille à l'échelle de la société industrielle. Mes grands-parents en dénombraient plus de quarante et ils n'étaient toujours pas arrivés au bout de leur peine...

Mireille avait changé d'échelle en gagnant la ville. L'Ardoise lui apparaissait à présent petit, temporel. Finissant. Son cœur avait grandi. Elle ne le comprimait plus, même devant moi, honteux de la découvrir dans cet état, d'inconsistance et de débauche.

Le matamore posa ses valises à Soleil Levant. Les roucoulements qui émanaient de leur chambre m'étaient insupportables. Je passais mon temps enfermé dans la mienne, dont j'avais fait repeindre les murs en noir – à l'exception du plafond, ma mère s'y étant opposée. Je m'isolais.

Les tourtereaux multipliaient les sorties au restaurant et au cinéma, comme dans les comédies américaines débiles que nous regardions à la télévision naguère, avec un regard défiant. Le dimanche, ils marchaient main dans la main sur une terre sèche et stérile appelée Camargue. Je leur servais d'estafette. Abruti par la chaleur, le poids des bouteilles d'eau et des bombes anti-moustiques, je me tenais à une cinquantaine de pas derrière eux, pour ne pas subir leurs paroles creuses, leurs sourires niaiseux.

Tout ceci me ficha un coup. Je pris conscience que j'étais

de l'Ardoise, et Mireille d'une autre patrie, trop lumineuse à mes yeux. Cela me réexpédia illico dans les rets du militantisme. Disposais-je d'autres recours pour parer ma solitude ?

« Tu es venu sans ton papé cette fois ? »

Le secrétaire départemental du Mouvement me reconnut tout de suite. Il ne portait plus les attributs du communisme autour du cou, ni sa boucle d'oreille. Sa mise était sobre. Comme lui, j'avais pris un coup de vieux, mais pas assez gros pour que j'accède au *grand* Parti.

Lorsque je lui appris que ma mère et moi nous étions installés à la ZUP, il eut cette parole : « Ça tombe bien, on a besoin de militants pour renforcer la cellule là-bas. »

Là-bas, c'était le pays des chômeurs et des immigrés, une ville dans la ville, où le Parti obtenait ses meilleurs scores.

Sans autre manière, il jeta à mes pieds un paquet de tracts. Gisant sur le sol, je découvris le portrait d'un homme noir derrière les barreaux d'une prison. Sur un fond vert, il était écrit en gros caractères : *La Jeunesse communiste exige la libération de Nelson Mandela !* J'ignorais que le Parti défendait des hors-la-loi. Le premier fédéral en fut surpris : « Vous ne vous intéressez pas aux droits de l'homme à l'Ardoise ? » Les droits de l'homme, j'en avais entendu parler chez Maurice, au sujet de l'URSS, c'était le vocabulaire de la Réaction.

Je lui demandai où se trouvait l'Afrique du Sud, avant

de m'étonner d'avoir à mener une lutte si lointaine. Était-elle prioritaire ? Il y avait tant à faire pour protéger les ouvriers de l'ogre patronal... Pour sauver l'emploi de mon père, fallait-il en passer par le ghetto de Soweto, les bantoustans, et frayer avec l'ANC contre les Boers ?

« La question industrielle, ça c'est pour le Parti. Nous, la jeunesse, c'est surtout l'International. » Il me cita le nom de pays en faveur desquels nous devions mener campagne : Cuba, le Nicaragua, la Haute-Volta...

J'avais réalisé un grand voyage depuis mon départ de l'Ardoise, et je n'avais nulle envie de refaire mon bagage. « Tu es jeune, me dit-il, tu verras que ce qui se passe là-bas n'est pas sans conséquences politiques pour notre pays. Et puis ce n'est pas nous qui choisissons les combats à mener, c'est là-haut que ça se décide. » Il pointa son index vers le ciel et mon regard se perdit dans les interstices du plafond décrépi.

Malgré mes réserves, je m'engageai. Aller se battre pour l'Afrique du Sud, c'était le prix à payer pour fuir mon beau-père et l'état d'égarement où se trouvait Mireille. Et puis, mon installation à Nîmes n'était-elle pas l'opportunité de forger mes propres armes de militant, débarrassé de l'ombre tutélaire de Maurice-le-Rouge ? À Nîmes, je n'étais plus qu'un fantassin parmi tant d'autres.

Plusieurs fois par semaine, à la sortie du collège, je reproduisais ce geste séculaire que mes aïeux avaient dû réaliser dès la révolution industrielle, peut-être bien avant, dès l'invention de l'imprimerie. Un geste semblable à celui du paysan qui sème. Ainsi, un tract après l'autre, de main en main, j'exigeai la libération immédiate et sans conditions de Nelson Mandela et de son camarade d'infortune, Pierre-André Albertini, un obscur coopérant français dont les parents étaient, nous disait-on, des sympathisants du Parti.

La plupart des élèves attrapaient mes feuilles avec enthousiasme, croyant à l'annonce d'un concert de reggae (les couleurs de l'African National Congress étaient les mêmes que celles du drapeau de la Jamaïque). Les retenant au passage, je dénonçai le double jeu du gouvernement socialiste. La violence de mes attaques choqua des parents d'élèves, qui en firent le récit au chef d'établissement. On m'exclut trois jours du collège pour propagande sur mineur non accompagné. J'étais fier. Sauf devant ma mère, qui me conseilla de poursuivre dans cette voie si je tenais à me faire embaucher sans délai à l'usine. À coup sûr, elle voulait se débarrasser de moi.

Sur les murs de ma chambre étaient apparues de nouvelles figures, sacrificielles (Che Guevara, Rosa Luxemburg...) au détriment de posters de joueurs de foot et de groupes de rock FM. Après les cours, je traînais dans les couloirs des immeubles, sur les dalles, soucieux de croiser un jeune en déroute ou une mère de famille monoparentale. J'avais soif d'expérimenter mon pouvoir d'envoûtement, de libérer ces mots brûlants accumulés depuis l'enfance. L'envie me démangeait de frapper aux portes, mais il nous était déconseillé de prendre une telle initiative sans la présence d'un membre du Parti. Alors, je collai une oreille à la paroi et je demeurai là, sur le paillasson, stoïque, à écouter le bourdonnement de la télévision, les conversations et les rires des familles.

C'est en faisant les cent pas dans les cages d'escalier, un paquet de tracts serré contre mon torse, que je pris la mesure de la frustration du militant. Je l'évacuai sur le premier innocent venu, lui déballant un argumentaire implacable, jusqu'à ce qu'à bout de souffle, l'écume au bord des lèvres, je finisse par le plaindre d'être à ce point dépolitisé... La colère de Maurice était en moi, débordante. Je ne cherchais pas à m'en libérer, juste à l'épuiser un peu, comme on écope un bateau, dans le seul espoir de le ramener à quai.

Le premier fédéral du Mouvement m'avait à la bonne. J'intégrai la commission départementale de la propagande, dont je pris très vite la tête. Je fus nommé représentant de la fédération au Congrès national du Mouvement des Jeunes Communistes de France. Le rassemblement se déroula dans une commune de la *Ceinture rouge*. Pour limiter les frais de déplacement, le bus récupérait les congressistes un à un, au gré des départements traversés. Nous mîmes deux jours à atteindre le Val-de-Marne.

Au cours du trajet, le permanent vint s'asseoir près de

moi. Il me fit d'abord l'éloge de Maurice (« Il n'y a plus de militants de cette trempe »), avant de me poser une série de questions politiques. Au fond, ma souche lui était suspecte. Étais-je fait du bois de Maurice-le-Rouge, inflexible, ou plutôt de celui, plus tendre, de Claude ?

« Tu penses quoi de l'expérience communiste au gouvernement ? » En ce temps-là, c'était la question fatale, obsessionnelle, du type de celles que les épurateurs avaient posées en boucle après la Libération (« Pourquoi avez-vous soutenu la collaboration ? ») Mieux valait la jouer critique, mais pas trop. Les rénovateurs étaient encore discrets, largement minoritaires. « Faut voir... lui dis-je, faudrait compter les acquis qu'on a pu arracher aux *soces*... et puis faire le compte de ceux que les travailleurs ont perdus. »

À l'énoncé du mot « acquis », il fut pris d'un soubresaut. Il embraya sur un soliloque interminable : « Un acquis ! Qu'est-ce que c'est un acquis ? C'est vivant un acquis ! Il faut le faire évoluer sans peur, un acquis. Nous sommes trop raides au Parti sur cette question des acquis sociaux. C'est à croire que l'on a peur... peur de l'avenir... Nous devons être plus positifs... tout n'est pas si sombre... On a le droit de faire rêver les gens. Nous devons changer le logiciel du Parti ! »

Logiciel : je n'avais jamais entendu ce mot. C'était comme si son vocabulaire l'avait trahi. La suspicion changea aussitôt de camp. Le camarade appartenait certainement à la bande à Juquin.

Son propos me préoccupa durant tout le reste du voyage. Si une lumière surgissait au bout du tunnel, et que nous devions rendre les armes, qui deviendrions-nous Maurice, Claude et moi, condamnés à vivre dans la félicité ?

Le congrès dura trois jours. Accablants. Les responsables du Mouvement se succédèrent à la tribune sous un chapiteau surchauffé. La température flirtait avec les 45 degrés. Les pompiers s'agitaient dans les travées, en direction de congressistes qui levaient la main non pas pour exiger le micro mais du secours. Les camarades tombaient comme des mouches. Un vent de contestation commença de souffler avant que l'organisation ne mobilise une citerne d'eau potable.

Pour le reste, l'orchestration fut impeccable. Entre deux discours officiels, pour nous tenir en éveil, on avait fait appel aux témoignages de chômeurs et de travailleurs précaires, des victimes de la politique libérale des socialistes, que nous conspuions à coups de sifflet, de *houuu* et de *huuuu*, voire d'insultes *ad hominem*. Fabius et Rocard inspiraient les meilleures formules, que la décence m'interdit de reproduire ici.

La séquence la plus forte du congrès fut délivrée par une mère de famille. Elle déposa son dossier des Assédics sur le pupitre de la tribune avant de s'emparer du micro des deux mains, à la façon d'une rock star. Elle énuméra ses charges domestiques, brandissant des liasses de factures et les décisions iniques de l'Assurance chômage. Sa voix éraillée saturait la sonorisation. Enfin, elle fondit en larmes dans les bras du secrétaire national du Mouvement, qui la raccompagna vers la sortie sous les applaudissements émus des délégués.

Quelques minutes plus tard, ayant recouvré sa lucidité et alors que le leader occupait la scène, elle fit son retour, inopiné. Elle se ressaisit du micro, s'excusant de s'être mise dans un tel état, puis remercia le « communisme français » de lui avoir donné la parole. Elle baisa la main droite du dirigeant comme s'il eut été un prince ou un prélat. Il lui empoigna la main en retour, dans la plus pure tradition de fraternité du Parti.

Je n'avais jamais assisté à pareille effusion, que ce fut devant l'usine ou durant un meeting. Cela relevait davantage de la scène vaudoue ou du prêche évangélique. Pourtant, Maurice avait reçu dans l'impasse quantité de cas désespérés, des veuves d'ouvriers, des immigrés ignorants les subtilités de l'administration, sans compter les licenciés de l'usine et d'ailleurs qui venaient profiter de sa lecture appliquée du Code du travail. On ne sortait jamais du cadre de la dignité. Cela tenait beaucoup à la présence inquisitrice de Louise, qui lorgnait comme une guigne celle ou celui qui s'abandonnait au découragement, à la plainte. Cela aurait été accorder un plus large triomphe au patronat que faire aveu de faiblesse.

Lorsque l'un, son dossier de licenciement sous le bras, s'avisait de passer le portail avec la gueule déconfite, de surcroît sans sonner, ma grand-mère avertissait son époux :

« Voilà encore l'aut'brelot qui sait pas remplir ses papiers tout seul... et en plus je suis sûre qu'il vote pas pour le Parti... » Elle disposait aussi d'un jeu de sermons, qu'elle ne manquait pas de distiller au secouru avant son départ : « Faut vous battre mon vieux... vous verrez ça réchauffe de serrer les poings... » Plus rarement, elle sortait une liasse de cartes du Parti : « Prends-en une aussi pour ta femme... elle est pas juste bonne à laver ton bleu... »

Indirectement, elle visait Maurice, coupable à ses yeux de trop d'empathie à l'égard des victimes du système (« C'est le Parti communiste, pas le Secours catholique ! »).

Sur le chemin du retour vers Nîmes, je profitai de l'engourdissement d'une camarade aux cheveux roux pour m'asseoir à son côté. Peut-être subissais-je encore le coup de chaud du congrès. En tous les cas, mon audace me surprit. Je posai mon bras sur l'accoudoir, tout près du sien, en espérant que sa peau, incidemment, effleure la mienne. Ce qui survint dans un virage. Nos deux membres furent collés pendant une centaine de kilomètres. Je projetai en elle toutes sortes de fantasmes, inédits pour moi. Un frisson me parcourut le bas du dos.

Lorsque nous nous arrêtâmes sur une aire d'autoroute pour nous dégourdir les jambes, elle se réveilla. L'air à moitié ensuqué, comme si nous avions passé la nuit ensemble, elle me demanda : « J'ai beaucoup dormi ? » Je ne sus que lui répondre.

Elle cherchait à briser la glace. « C'était chouette ce congrès, j'ai pas arrêté de faire la fête. Moi je suis de Montélimar... et toi, tu viens d'où ? » Je balbutiai : « De l'Ardoise... » Elle ne connaissait pas ce haut lieu de la vie industrielle de la vallée du Rhône. « Mais, heu... en réalité j'habite à Nîmes avec ma mère et mon beau-père. »

Elle avait gardé son badge du congrès sur sa chemisette en crêpe. Elle s'appelait Clara. « C'est bien comme prénom Clara... c'est le nom du journal féministe du Parti. Tu connais ? On le reçoit à la maison... »

Ma mère s'y était abonnée après notre départ de l'Ardoise. Le jour où elle avait rempli le formulaire, je l'avais vue signer son premier chèque avec son nom de jeune fille.

Clara ne me répondit pas. Et pour cause : elle s'était rendormie. Je l'ennuyais sûrement...

Le car la laissa à Montélimar, sur une place typique du sud, cernée de vieux oliviers et de maisons en pierres. Avant de quitter son siège, elle dégrafa le badge de son corsage afin que je lui écrive mon adresse au dos. J'hésitai, ne sachant laquelle des deux lui donner. L'Ardoise ou Nîmes ?

J'optai finalement pour Nîmes.

L'espace de quelques secondes, un stylo Bic à la main, mon cœur battant la chamade, je m'étais demandé si j'étais encore de l'Ardoise. Ou bien plutôt un adolescent en transit. Une sorte d'apatride. Un résident de l'amour. Comme Mireille.

5

Un artiste

C'est au cœur de l'adolescence que mes fondations politiques furent ébranlées.

Depuis notre installation à Nîmes, n'ayant pas les bons codes, je peinais à me fondre dans le paysage. Ma personnalité tardait à se définir. Un romantisme suranné embrumait mon propos lorsque je glosais sur une révolution qui, plus tardivement que prévu, finirait bien par advenir.

J'avais une inclination pour les filles au style pompier, au rose à lèvres fluorescent et aux manières de contrebande, qui singeaient les bourgeoises. On en croisait en masse dans les quartiers populaires, où l'on découvrait les premiers produits chinois de « qualité française ». Elles avaient pour moi le même regard dédaigneux que les bourgeoises authentiques que je croisais en ville, lesquelles avaient ma préférence.

Politiquement aussi, j'étais dans le dur. Mandela restait en prison malgré la tonalité virulente des quintaux de tracts que j'avais déversés sur les collégiens et les clients du marché de Soleil Levant. Tel le pénitent, je retournais à l'Ardoise pour recevoir les coups de semonce de Maurice, le seul à me faire retrouver la foi sans avoir à fournir d'effort. Alors, il me reprenait l'envie d'en découdre. Une fièvre brûlante et fugitive me commandait d'ouvrir un front. De faire ma propre révolution. Laquelle, où et quand ? Je n'en savais rien.

Le projet de loi d'un ministre chiraquien, dont nous faisions grand cas à la Jeunesse communiste, allait forcer mon destin.

J'étais alors en classe de troisième. À l'heure du déjeuner, sans la moindre préméditation, je grimpai sur une table du réfectoire, piétinant au passage les plats et les assiettes de mes congénères incrédules, bravant les avertissements du pion de service.

Une fois là-haut – position à laquelle j'avais tant de fois aspiré – je dus faire face à mes maigres prédispositions de tribun. Je cherchai mes mots, pourtant mille fois ressassés au cours de nuits d'insomnie préparatoires au grand soir.

Pis, j'écorchai le nom de l'ennemi (« Levons-nous tous contre le projet de loi du tyran Debaquet ! ») Lasse d'avoir à batailler contre le désordre de ma pensée, ma voix finit par s'éteindre. Les demi-pensionnaires, rassasiés, avaient quitté leur place et je m'exfiltrai du réfectoire dans un état de grande fébrilité. Dois-je préciser que je ne signai pas une seule carte d'adhésion ce jour-là ?

Je repensai aux mots de Maurice, affirmant que la génération de mon père avait dilapidé l'héritage et que nous, les jeunes, nous devrions redoubler de courage. Mais l'heure ne requérait pas des héros. L'époque des grandes conquêtes était passée. On recherchait plutôt des militants pas trop orgueilleux, capables de minimiser les pertes. D'encaisser les défaites.

J'avais eu tort de partir en franc-tireur, contre l'avis du premier fédéral (« La réforme Devaquet ne concerne pas les collèges... ils sont trop jeunes... une action pourrait être contre-productive... ») J'aurais dû l'écouter mais j'étais à bout. Quelque chose devait se passer.

La sanction ne tarda pas. On me demanda de rendre le matériel de propagande qui avait été mis à ma disposition par la fédération (badges, tracts, autocollants, cartes...) Comment mener la guerre sans armes ? J'aurais préféré l'exclusion...

Les représailles vinrent également du camp d'en face. Mon professeur principal avait été le candidat du PS aux élections cantonales. Monsieur Veau exigea ma peau lors du conseil de classe de fin d'année. Sur mon bulletin scolaire du second trimestre, il avait laissé ce commentaire prémonitoire : « Cet élève travaille par à-coups, indifférent à l'actualité de la classe. Son dilettantisme ne le mènera nulle part, en tous les cas pas au lycée... » Les choses se présentaient mal. J'avais formulé le vœu d'être affecté dans un établissement huppé du centre de la ville de Nîmes. Depuis les salles de classe, on voyait les terrasses des cafés du boulevard principal, à l'ombre des micocouliers et de l'amphithéâtre romain.

Veau s'opposa à mon passage en seconde, suggérant au conseil de m'orienter vers, je le cite, « une voie plus conforme à sa nature erratique ». Allant jusqu'à ajouter : « Je préconise un circuit court... » Sa décision ébranla ma mère. Avant que la nouvelle n'atteigne la rive de l'Ardoise, elle alla trouver l'enseignant à la sortie du collège. « Je ne le vois pas arriver jusqu'au baccalauréat », lui confirma Veau. « Même pas un Bac G ? », insista Mireille (G comme Garage, disait-on alors). L'enjeu était de taille : décrocher le premier diplôme de l'histoire de la famille. A, B, C ou D, que nous importait ! On pouvait faire abstraction de la lettre.

Il fallut toute la conviction de mon professeur d'histoire (conseiller général communiste sortant – et adversaire de Veau), matière où j'obtenais mes meilleurs résultats, pour que mon dossier soit révisé par une commission spéciale.

Je suis finalement passé en seconde. Je l'avais échappé

belle car, ayant déjà redoublé la quatrième, on m'avait refusé la possibilité de refaire une nouvelle troisième. Ainsi, j'ai échappé à l'usine.

Je ressentais de la fierté d'avoir pu « passer » alors que nombre de mes anciens compagnons de la ZUP étaient restés à quai, aiguillés vers un BEP cuisine ou mécanique dans le LEP de Soleil Levant.

Pour ne pas être inscrit dans le lycée de mon quartier, j'avais demandé à suivre l'option arts plastiques. En second choix, je n'avais pas hésité à cocher la case « Occitan ». J'étais prêt à tout pour m'arracher à la ZUP, à son architecture crasse, où nous vivions par défaut, comme des relégués. J'étais même disposé à devenir alcoolique ou homo, comme me le pronostiqua mon père lorsque je lui annonçai que j'allais étudier l'histoire de l'art et le dessin. Comme il faisait semblant de ne pas comprendre où me conduirait un tel apprentissage, j'avais dû mettre les deux pieds dans le plat : « Je pourrais devenir peintre, par exemple.

— Peintre... tu veux dire artiste ?... mais pour quoi faire ? »

Nous nous trouvions sur la Nationale, en route vers Nîmes où Claude me reconduisait un dimanche sur deux. Pour le rassurer, je lui dis qu'on pouvait être artiste et membre du Parti. Je m'étais renseigné. Il n'était pas nécessaire d'être ouvrier.

J'étais sincère. Si j'avais mis le militantisme entre parenthèses, mon attachement à l'idéal communiste restait intact. J'avais ma *petite* carte. Je n'y aurais renoncé pour rien au monde. C'était mon trait d'union avec Maurice. Elle constituait mon seul acquis. Sans elle, j'aurais été un être tout à fait vide. « Inutile comme un peintre... »

Mon professeur d'arts plastiques s'appelait Jack Fortéguy. Il était conforme au portrait que m'en avait dressé mon père, inspiré par les professeurs qu'il côtoyait à la section de Bagnols-sur-Cèze, où la scission était nette entre « intellos » et besogneux. Des cheveux longs, susceptibles de masquer une hygiène de vie libertarienne, une veste de travail Mao artificiellement élimée et un amour déclaré pour le Grand et le Beau (ce que mon père appelait « l'inutile »). Un être qui, pour parachever le portrait, ne ressentait pas d'attirance particulière pour la masse.

La salle de classe avait des faux airs d'atelier. Les murs étaient tapissés des travaux des élèves. En un clin d'œil, on embrassait l'histoire de l'art du XXe siècle. Il y avait les épigones de Bram Van Velde et de Matisse, les dogmatiques nostalgiques de Kandinsky, et puis tous les attardés – les plus nombreux – qui n'avaient pas fait le deuil des cours de dessin du collège (Miró, Léger, Dubuffet...), ou enfin les tristes émules de Tàpies et de Keith Haring qui, une fois passés au révélateur du marché de l'art, allaient être discrédités.

Sur un mur, un petit carré vierge permettait à Fortéguy de projeter des diapositives. Son premier cours porta sur l'expressionnisme abstrait américain, dont il était un fervent supporter. Jackson Pollock, Clyfford Still, Robert Rauschenberg... L'un collait des morceaux de journaux sur la toile, un autre y laissait dégouliner son pinceau. « C'est un courant majeur de l'histoire de l'art du XXe siècle », nous dit Fortéguy. Il lista le nom des mécènes et des collectionneurs qui avaient participé à l'émancipation de ce mouvement, tant aux États-Unis qu'en Europe, de Rockefeller à Guggenheim, puis il cita cette phrase d'un fameux critique : « L'expressionnisme abstrait américain, c'est la libre entreprise sur toile. »

Nous étions loin de la Colombe que Picasso avait offert au Parti en guise d'emblème du Mouvement de la paix, œuvre qui constituait ma seule référence artistique. Qu'un professeur appointé par l'Éducation nationale se fasse le contempteur de l'idéologie capitaliste m'aurait choqué, quelques mois plus tôt. Mais là, je ne bronchai pas...

Le soir après les cours, je croisais Fortéguy à la terrasse des cafés. Il partageait des boissons alcoolisées avec d'anciens élèves, attifés comme lui. La plupart étaient entrés à l'École des beaux-arts de Nîmes où professait le grand artiste du cru, Claude Viallat. Ce dernier avait acquis une notoriété mondiale en peignant inlassablement un motif oblong, en forme d'éponge, sur des nappes ou des vieux bouts de tissu. C'est à son œuvre que mon père avait fait allusion avec l'espoir de me faire changer d'avis (« Il se fout de notre gueule ton Viallat ! »).

Un soir, alors que je passais devant le café du lycée en baissant les yeux, Fortéguy m'invita à sa table. « C'est toi qui colles des autocollants des Jeunesses communistes sur les fresques XIXe du lycée ?

— Moi ? ... non c'est pas moi... (Ce fut un demi-mensonge et l'ultime manifestation d'une foi en cours d'extinction.)

— Et tu t'intéresses à l'art ?

— Un peu...

— Quels peintres aimes-tu ?

— J'aime bien Guerassimov...

— Je connais pas.

— Il a reçu quatre fois le prix Staline ! »

Le Réalisme socialiste était le seul courant auquel j'avais eu accès, grâce aux volumes des éditions ouvrières que possédait Maurice.

« C'est pas au programme, me dit Fortéguy. Ce mouvement n'a pas produit grand-chose de bon.

— Vous préférez les dégorgements de l'autre cow-boy alcoolo ? Tout le monde sait que la CIA a soutenu Pollock !

— J'aime bien les cocos mais en art ils n'y connaissent vraiment pas grand-chose, me lança-t-il.

— ...

— Te vexe pas... tout ça c'est pas important... L'important ce sont les œuvres, la dimension esthétique... »

Fortéguy était un tenant de l'art pour l'art. Un pur produit du système. Un de ces *ravis* de la crèche, comme appelait Louise tous les désillusionnés de l'action politique.

(« Il y en a qui ont d'la chance de pas voir toute cette merde qu'y a autour d'eux... ») Une chose me rapprochait de lui : bien que militant de la beauté, il n'avait pas l'air plus heureux que nous. Ses yeux noirs étaient semblables à deux ronds tristes et doux, éperdus, recherchant quelque accroche dans l'immensité du vide. Sa désillusion paraissait sans limite.

Il m'invita au vernissage de sa nouvelle exposition, dans une galerie du centre-ville. Le soir venu, je restai derrière la vitrine du commerce, incapable d'en franchir le seuil. Il y avait à l'intérieur des tas de gens comme Fortéguy. Ils ressemblaient à ces spécimens que je pouvais admirer sous le chapiteau dressé sur le parking de l'usine à l'occasion de la fête annuelle du Comité d'établissement.

En sa qualité de secrétaire du CE, mon père recrutait les magiciens, les conteurs, les clowns et autres chansonniers en charge d'animer la journée de fête offerte aux travailleurs de l'usine. Il y avait aussi une exposition d'art. Des femmes d'ouvriers présentaient des natures mortes réalisées au crochet ou à l'aquarelle. Je me souviens qu'un métallo avait réalisé une maquette de l'usine avec des allumettes. « C'est un artiste ! », disait-on de celui qui, quelle que fut sa pratique, possédait des mains capables de façonner des choses autrement plus fines que l'acier.

Mon père épluchait toutes sortes de propositions en vue du spectacle du soir, où un chanteur débarquant de Paris devait monter sur scène. La notoriété de l'artiste ne l'intéressait guère, au grand dam des ouvriers. Claude accordait son crédit à celui qui offrait le meilleur rapport entre le prix de la prestation et la durée du spectacle. Le talent ou l'originalité n'entraient pas en ligne de compte. Sans le savoir, il adoptait les préceptes de la productivité capitaliste. « Les salariés de l'Ardoise ont droit au meilleur », disait-il sur le podium au pied duquel s'attroupaient des centaines de familles. Les bis s'enchaînaient jusqu'à épuisement du répertoire du saltimbanque.

Un autre critère avait sa faveur : « C'est un compagnon de route ! » Je mis du temps à comprendre la portée politique de cette expression. Je me figurais mal sur quelle route fréquentée par mon père, entre la cité ouvrière et l'usine, il rencontrait tous ces artistes.

Lorsqu'on voyait à la télévision une célébrité ayant confessé une inclination pour nos opinions, nous disions de lui : « il est proche de nous… » Quant à ceux qui n'avaient pas peur d'afficher leurs convictions, voire de déclarer leur adhésion au Parti, ceux-là étaient classés parmi les « camarades ». Or, comme je me trouvais en ce temps-là en manque de soutien familial, ce dernier statut me paraissait bien moins enviable que celui de « proche ». À tout bien peser, mieux valait ne pas adhérer de trop près à l'idéal du Parti.

Lorsqu'enfin je me décidai à pénétrer dans la galerie, il ne restait pas plus d'une dizaine de personnes, toutes sérieusement avinées. Quelques élèves de Fortéguy évoluaient librement d'une œuvre à l'autre, ayant pour chacune d'elles un commentaire sensible. On me tendit un verre de vin. Fortéguy était au fond de la galerie, à dresser le compte des ventes de la soirée avec le propriétaire. Il vint à ma rencontre, une bouteille à la main, et m'attira vers ses œuvres : « Alors qu'est-ce que tu en penses ? » Il appliquait d'épaisses couches de peinture en aplat sur du contreplaqué, alternant les couleurs à l'huile avec les enduits. Puis, à la manière d'un artisan, il attaquait la surface à la ponceuse, creusant çà et là des strates, élaborant des formes qui composaient une œuvre abstraite. Ses tableaux ressemblaient à des pans de murs décrépis. Nous parlâmes à bâtons rompus une partie de la nuit.

Je rentrai ivre à Soleil Levant. En suivant le trottoir longiligne, il y avait six bons kilomètres à parcourir depuis le centre. Je voyais pour la première fois le soleil se lever sur les tours de la ZUP. C'était presque beau.

Il n'y eut que la serrure de la porte de l'appartement pour me contrarier. J'étais dans l'incapacité d'ajuster mon geste. Je vomis d'aise, puis m'endormis dans la cage d'escalier. Au petit matin, c'est un inconnu, sa veste sous le bras, qui me tira de ma nuit vagabonde, aux relents initiatiques.

Le lendemain, j'achetai avec mes économies un gros paquet d'enduit, des pots de peinture et une ponceuse. Ne disposant pas de support suffisamment rigide, je choisis de m'attaquer à la porte de ma chambre. Je ne réussis qu'à l'éventrer et je devins le débiteur de ma première œuvre, ayant à rembourser les frais d'ébénisterie au propriétaire de l'appartement. Je démarrai une carrière marginale, née d'un plaisir sadique, élaborée à coups de gestes forcenés. Cependant, j'espérais que ma manière se civilise, qu'elle ne soit que transitoire...

Et elle le fut. Fortéguy me fit apprivoiser le pinceau, dont la grâce m'avait d'abord rebuté. Mes résultats scolaires pâtirent de cet effort de raffinement car je me dédiai exclusivement à la pratique de mon art. Je redoublai ma seconde. Puis ma première. On finit par m'exclure du lycée en raison d'une attitude jugée « méprisante » à l'égard des autres matières. J'échouai à un an du baccalauréat.

J'avais perdu de vue le Mouvement. Un nouveau monde s'était ouvert devant moi, où j'étais entré par effraction. Un monde si peu naturel à ma conscience, sans « proche » ni « camarade », où je ferais toujours figure d'étranger.

6

Hue coco !

Le IIIe millénaire ne serait pas communiste. Nous en reçûmes l'assurance à l'Ardoise en suivant la campagne du candidat à la présidentielle de 2002, Robert Hue. Un slogan (*Hue coco !*), envisagé par un publicitaire du sixième arrondissement parisien, avait alerté mes grands-parents. « Quelle honte ! » s'était écriée Louise en apprenant la nouvelle. Elle n'avait pas voulu croire la radio. C'est après l'avoir lue dans *L'Humanité* qu'elle avait fait sienne l'information. « C'est la fin... » avait prophétisé Maurice.

La critique a été dure avec le camarade candidat qui, face à l'inexorable déclin du Parti, voulait jouer son va-tout.

Par un mimétisme troublant, je me trouvai moi-même dans un état de désagrégation avancé. Peintre maudit par la peinture, j'avais dû mettre un terme à ma pratique artistique, ayant perdu une vingtaine de kilos et l'essentiel de mes relations sociales. La menace de mon entrée à l'usine pointait. On y embauchait au compte-gouttes, afin de maintenir la production sous perfusion et combler les départs en préretraite des *baby-boomers* recuits par la fournaise de la *cathédrale*. Aux postulants, on proposait des contrats dits de mobilité. Après la fermeture programmée de l'Ardoise, il faudrait faire ses bagages pour une autre usine du groupe, au Luxembourg, à Fos-sur-Mer ou ailleurs.

Je repoussai le moment, inéluctable, où il me faudrait franchir les grilles de l'usine, revêtu du bleu de mon père, et mener une vie de soumission plus ingrate que la sienne ou celle de mon grand-père. Les rumeurs de fermeture, la pénibilité du travail et l'usure de la lutte avaient achevé le moral des troupes. Nous devrions nous défendre seuls. Voire ne plus nous défendre du tout. En dépit d'une vie précaire, je m'entêtai à croire à un destin différent.

Ma vie était rythmée par les visites au bureau de l'assistante sociale, régulatrice de mes droits au RMI, et à celui de ma conseillère de l'Agence Nationale Pour l'Emploi. Par chance, elle faisait grand cas de ma situation, estimant que mon potentiel pouvait être autrement exploité. Nous avons cherché l'emploi idéal, qui fut « à la fois artistique et politique ». Je me proposai comme maître de conférences en littérature populiste et prolétarienne ou à un poste de conservateur de musée de la vie ouvrière. Elle voulut bien s'arrêter sur celui de « journaliste d'opinion », bien qu'une telle spécialité n'entrât pas dans sa nomenclature.

Je visais haut. J'estimais avoir du coffre, bien qu'il fût vide de tout diplôme. Cela y compris, j'acceptai d'y remédier : « Pourrais-je obtenir un financement de l'ANPE pour une formation de journaliste engagé ? »

Une gêne crispa le visage de la conseillère. Elle se saisit de mon dossier, l'ouvrit puis le referma, avant de tripoter le clavier de son ordinateur. Elle le connaissait par cœur. Et pour cause : il était vierge.

« Je vous crois tout à fait capable d'occuper un tel poste mais ne serait-ce pas un peu tard pour vous lancer dans une telle carrière ? Cela nécessiterait que vous repreniez vos études, d'autant que vous n'avez aucune expérience... »

Je venais de passer le cap de la trentaine. Je n'avais aucune envie de retourner à l'école.

Il était temps que je lui abatte ma seule carte : celle du Parti.

Je lui tendis un épais dossier cartonné où était écrit au feutre noir : « Articles Stéphane Midi Rouge ». C'était l'écriture de Maurice, lecteur assidu du journal régional communiste. Il avait collecté mes papiers, les avait découpés puis collés sur des feuilles volantes avant de les classer par date de publication. Ces quelques piges pour *le Rouge* ne représentaient qu'une parenthèse alimentaire, laquelle ne devait pas connaître de lendemain.

La conseillère s'en saisit. Elle feuilleta plusieurs articles :

« C'est qui Charles Guerava ?

— C'est moi... un pseudonyme... une pratique courante dans le métier... Le rédacteur en chef pourra vous le confirmer. »

Comme les réalités du journalisme engagé paraissaient lui échapper, je lui avouai également que mon emploi n'avait pas été déclaré par les camarades.

« Et vous n'êtes pas allé aux prud'hommes ?

— Impossible... Le patron, c'est le Parti !

— Le Parti ?

— Le Parti communiste français... »

Elle rouvrit le dossier de Maurice. Ses doigts étaient maculés d'une encre noire, tenace. La qualité du papier du journal était déplorable. L'article sur le dessus de la pile titrait : « Revalorisation du SMIC : de la gueule de qui se moque-t-on ? »

« On ne peut pas verser ces articles dans votre dossier de demande de financement.

— J'étais jeune, crus-je bon d'ajouter. Vraiment, cela ne peut pas m'aider ?

— Je ne vois pas comment. Vous n'avez pas de contrat de travail ni de fiches de paie. Le Parti communiste français pourrait-il vous faire une attestation sur l'honneur ?

— Je ne crois pas. J'ai un peu perdu le contact. Je ne suis même plus sympathisant à leurs yeux. »

C'était vrai, de l'eau avait coulé sous les ponts et je n'avais guère envie de retourner au journal ou à la fédération.

Maurice me relançait sans cesse. « Pourquoi n'envoies-tu pas ta lettre de motivation à l'usine ? On a encore quelques camarades bien placés... » Il ne voulait pas entendre que mon activité de peintre, à défaut de me nourrir, occupait tout mon temps. « Rien ne t'empêcherait de faire de l'art le week-end, si tu y tiens. » Comment expliquer à Maurice que mon orgueil m'interdisait de pratiquer la peinture le dimanche ?

Mon grand-père n'avait pas d'aversion pour les artistes, contrairement à son fils. Il m'aurait encouragé si ceux-ci avaient pu bénéficier d'un contrat de travail, rédigé par je ne sais quelle autorité patronale. C'était son obsession et il remua ciel et terre, dans une période politique peu favorable, pour me voir parapher le sésame qui me ferait entrer dans la norme sociale : un CDI. J'usais, à chaque fois, des plus fines stratégies pour refuser, sans le froisser, les emplois qui me tendaient les bras.

Ainsi, par l'entremise d'un adjudant, par ailleurs secrétaire départemental du syndicat Cgt des sapeurs-pompiers du Gard, je passai un test d'aptitudes physiques pour entrer dans le corps. Je donnai le maximum pour réussir l'examen, ce malgré le handicap de mon amaigrissement.

Après plusieurs tentatives et grâce au piston du camarade, je fus inscrit sur une liste de réservistes. Mais bientôt pris de panique à l'idée de vivre dans une caserne et d'avoir à me sacrifier pour la veuve et son futur orphelin, je me dédis de mon engagement en fournissant un faux certificat médical.

Je ne m'étendrai pas sur mes entretiens avec des directeurs de cabinet et des élus, tous obtenus grâce au conseiller général du canton de Roquemaure, le meilleur ami de Maurice. Lorsque, pour clore la discussion, on me demandait si j'étais prêt à servir loyalement la collectivité, je répondais par un silence contrit. J'avais pourtant soutenu la bataille pour la défense du pouvoir d'achat des fonctionnaires, tout comme celle menée pour le plein-emploi, et si j'étais disposé à monter dans l'ascenseur social, j'avais l'ambition qu'il ne me laisse pas au premier étage.

Maurice était dépité.

Pis, il paraissait inquiet.

Un jour à table, me voyant renouer avec l'appétit d'autrefois, il me demanda sans prévention : « Tu te sens bien ? »

J'étais gêné. Ça n'était pas son genre, ces questions personnelles.

Pour ne plus le tourmenter, je me jurai de prêter une meilleure oreille à ses propositions. Je baissai la garde.

« Pourquoi tu n'embauches pas au *Midi Rouge* ? Tu t'y connais en peinture, tu pourrais t'occuper de la culture. Ton père m'a dit qu'il cherchait quelqu'un à l'agence de

Nîmes. Il pourrait en toucher un mot au Secrétaire fédéral... »

Le divorce de Claude lui avait été profitable. Il avait pris du grade au Parti.

Chaque fin de semaine, il se rendait à Nîmes pour assister au CF (Comité fédéral), où il avait été nommé en qualité de représentant du « monde ouvrier départemental ». Le matin, il n'enfilait plus son bleu mais un pantalon et une chemise fraîchement repassés par Louise, chez qui il avait pris pension. Le linge et le couvert étaient assurés. Il n'avait jamais été à l'aise avec ces besognes et puis à présent, il avait d'autres chats à fouetter.

La concurrence était rude au Comité, et on jalousait une si foudroyante ascension. Les professeurs, les cadres et les permanents particulièrement, qui admettaient dans la douleur qu'on fasse appel à un ouvrier pour juguler l'érosion du bâtiment communiste.

Militant bonasse, mon père n'avait rien d'un jusqu'au-boutiste et l'on décelait mal sa filiation avec Maurice. De plus, il n'était pas réputé pour la finesse de ses analyses. La vision politique n'était pas son fort. Sa principale qualité était d'être un pilier de la pyramide. Une fondation à lui tout seul, aux yeux de l'appareil. Et elle en avait gros sur la patate, la base, de ne pas être entendue – « Y font chier les camarades du Comité central avec leurs débats stratégiques... On s'en fout de l'Union, qu'elle soit de gauche ou soviétique... » L'installation au poste de secrétaire national de l'obscur lieutenant de Georges Marchais, Robert Hue, avait fini de jeter le trouble sur la ligne idéologique du Parti. Depuis la « veste » aux présidentielles de 95, on n'avait plus qu'un mot à la bouche : mu-ta-tion.

Avec la nomination d'un militant de basse extraction, l'une des plus puissantes fédérations du Parti adressait un signal fort au Comité central. Le patron gardois, rebelle à la discipline orthodoxique, militait pour une rebolchévisation.

Je trouvais la promotion de mon père injuste pour Maurice, qui avait encaissé les coups les plus rudes à l'usine, avant de créer de toutes pièces le syndicat puis la cellule. Après vingt ans d'ancienneté, le patron l'avait nommé contremaître, l'attachant à un atelier isolé, le plus pénible, loin de l'aciérie et de ses camarades, quand d'autres, moins sourcilleux sur les questions de la qualité de vie au travail, de la sécurité des travailleurs et des salaires, achevèrent leur carrière comme ingénieurs maison. Pour finir, on l'avait licencié dans la force de l'âge.

On aurait pu le nommer à une quelconque commission de l'instance fédérale, serait-ce à titre honorifique, pour ne pas qu'il dérange la ligne. C'était comme si on n'avait pas su quoi faire de ces militants, désintéressés et durs au mal, qui avaient fait du Parti le premier du pays après la Libération.

Maurice était fier de son fils. « Il faut des ouvriers partout ! » clamait-il en regardant les membres du Comité central encravatés, strictement alignés sous le dôme immaculé du siège de la place du Colonel-Fabien. « On dirait une assemblée d'évêques », osait Louise, qui allait trop loin au goût de son époux.

Dans mon for intérieur, je rajoutais : « ... des ouvriers oui... mais avec une majorité de sidérurgistes... » Nous, les métallos, ne formions-nous pas l'aristocratie de la classe ouvrière ?

Le Secrétaire fédéral était un membre « automatique » du comité directeur du *Midi Rouge*. Mais user de sa position pour intervenir en ma faveur n'allait pas de soi pour Claude. L'entrisme lui posait un problème moral.

« Tu ne peux pas faire ça pour ton fils ? lui dit Maurice, passablement agacé.

— C'est une question de valeurs, répondit Claude, pas mécontent d'user de sa position pour tenir tête à son père.

— C'est toi qui vas m'expliquer les valeurs du Parti ? »

Le ton montait entre les deux ouvriers.

« On ne peut plus fonctionner comme avant. Le Parti doit évoluer. Tu as lu le rapport du XXVIe congrès sur la question de l'éthique ?

— L'éthique... pfff ! » maugréa Maurice.

Claude ne croyait plus aux appels mystiques, à la lutte des classes ou à la grève générale décidée par le « haut ». Avec la perte de pouvoir d'achat, le crédit à la consommation et la précarisation du travail, les gars ne se levaient plus comme un seul homme quand le secrétaire du syndicat frappait du poing sur la table. On faisait le compte du manque à gagner avant de sacrifier une journée de salaire. L'époque appelait le dialogue. Et parfois même – mot honni par Maurice – le compromis.

« Vous me faites marrer avec votre intersyndicale... Fesses Ouvertes y z'ont toujours été de mèche avec le patron ! » Fesses Ouvertes (FO), c'était le rival, le second syndicat de l'usine.

Quand la colère le submergeait, Maurice repassait au tutoiement. Il oubliait le délégué syndical, détenteur d'un mandat collectif, pour attaquer directement sa progéniture : « T'es naïf... Qu'est-ce que tu crois ? l'patron, ça reste un patron... Fumiers d'patrons va ! » Son front s'agrandissait, devenait tout lisse, au point de lui faire perdre dix années. Il rangeait ses poings dans ses poches puis faisait les cent pas jusqu'à retrouver un semblant de calme.

À froid, mon grand-père se révélait plus politique : « Je ne suis pas d'accord avec l'orientation du Parti. Qu'est-ce qu'il veut ton Robert Hue, qu'on change de nom, hein... c'est ça la mutation ?... qu'on devienne des sociaux-démocrates comme les Italiens ? Moi j'ai pas honte d'être communiste ! »

À chaque fois c'était pareil. On perdait le fil de l'histoire. La mienne, celle de mon avenir, pour privilégier celle du Parti...

Je rédigeai un courrier au Secrétaire fédéral. Dans la case « niveau d'études » de mon curriculum vitae, n'ayant mieux à proposer, je dessinai mon arbre généalogique où je coupai la branche du père, pour ne pas contrevenir à ses valeurs. Je reçus bientôt une réponse, sur un papier à en-tête frappé de la faucille et du marteau. Elle était dactylographiée mais signée de la main du Premier secrétaire. « Cher camarade, j'ai lu avec attention ta proposition de rejoindre l'édition départementale de *Midi Rouge*... blablabla... Je te propose de nous rencontrer au siège du Parti, à Nîmes, le... blablabla... »

Son accueil fut chaleureux. Il me dit sa fierté de faire la connaissance du petit-fils de Maurice-le-Rouge. Sur une étagère trônaient des objets laissés là par son prédécesseur, témoignages des luttes homériques menées dans le département : une lampe de mineur, une plaque de manganèse, une paire de collants... Il y avait aussi une photographie de la délégation gardoise présente à la manifestation nationale de 1979 à Paris, en soutien aux sidérurgistes lorrains. J'avais été du voyage avec Maurice. Le permanent me demanda de ses nouvelles. « Et comment va Zouzou ? » C'était le surnom de Louise, dont usait un cercle restreint de camarades de l'Ardoise, auquel il n'appartenait pas, même si nous lui devions la promotion de mon père. Il ne me parla pas de mon CV, ni de mon embauche au *Midi Rouge*. Avais-je les capacités intellectuelles, rédactionnelles, pour écrire un article dans le journal du Parti ?

Étais-je en accord avec sa ligne politique ? Rien. Il se contenta de saisir son téléphone et d'appeler le chef de l'édition départementale :

« Allô Igor, j'ai le petit-fils de Maurice Bonnefoi devant moi... oui Maurice-le-Rouge... Il voudrait écrire des articles. Tu as une place, non ? Il s'intéresse à la culture. Il a fait de la peinture... il a exposé en Camargue... enfin tu verras avec lui... Il peut descendre te voir ? »

Les bureaux du *Midi Rouge* étaient situés au sous-sol de la fédération. Igor Moulinas avait deux chefs. Le premier, officieux, se trouvait donc à l'étage supérieur et s'occupait de la ligne politique de l'édition locale. Quant à l'autre, le rédacteur en chef régional, il était à Marseille. C'était la caution « professionnelle » du quotidien, un véritable journaliste titulaire d'une double carte, de presse et du Parti. Sa charge principale était de faire passer le *Midi Rouge*, esthétiquement parlant, de l'état de tract à celui de journal d'informations régionales.

Pour faire bonne figure, je déposai sur le bureau de Moulinas une liste de sujets culturels qu'il me semblait opportun de traiter. Il m'arrêta :

« Il n'y a plus de page culture jusqu'à la fin de la campagne. »

Je m'étonnai, les prochaines élections ne devaient se tenir que deux années plus tard.

« Ordre du Secrétaire fédéral. »

Il poursuivit :

« Avant toute chose, il faut que tu saches qu'au *Midi*

Rouge nous sommes des militants avant d'être des journalistes.

— On n'a pas droit à la carte de presse alors...

— Si... disons qu'on est des journalistes engagés si tu préfères. »

Dès la fin du mois, je compris que, malgré moi, j'étais redevenu un militant. Moulinas me convoqua dans son bureau pour me remettre une enveloppe kraft assortie d'une poignée de main. C'était ma première paye.

« Tu as travaillé 18 jours à trente euros la journée, soit 540 euros. Nets !

— ...

— Tu peux recompter... »

La question du contrat de travail et du salaire, je ne l'avais pas abordée avec le Secrétaire fédéral. Entre camarades on ne parle pas d'argent. Les jours qui avaient suivi mon embauche au *Midi Rouge*, j'avais attendu un signe de Moulinas, une convocation dans son bureau où, devant moi, s'étaleraient les deux exemplaires du CDI que je n'aurais plus qu'à signer. Il m'avait pourtant fait l'éloge de mes articles, dont la tonalité agréait le locataire du dessus.

Je ne dis rien. Je palpai ma liasse de billets, la première que je gagnais à la sueur de mon front.

Maurice ne fut pas étonné de mes conditions d'embauche :

« Nos élus aussi sont des militants. Ils donnent l'intégralité de leurs indemnités au Parti. Sinon comment on vivrait ? »

Il fut même surpris d'apprendre que j'avais touché de l'argent.

« Tu as reversé une partie de ta paye à la fédération ? »

Non. Décidément, je n'avais plus la foi... À force de dénoncer la situation des travailleurs précaires du secteur privé, des vacataires du service public ou de réclamer la hausse du SMIC à 1 500 € (nets), il me prit des poussées de scepticisme, de plus en plus difficiles à maîtriser. D'autant que tous les employés du *Midi Rouge* n'étaient pas logés à la même enseigne. La plupart étaient salariés et j'étais le seul, avec le journaliste sportif et le photographe (« des camarades qui font ça pour leur plaisir »), à œuvrer au *noir*. J'appris également que la femme de ménage recevait son enveloppe chaque fin de mois. Je comprenais mieux la portée de l'épître de Paul que Moulinas avait affiché au-dessus de son bureau (son frère était prêtre-ouvrier) : « Celui qui plante et celui qui arrose sont égaux, et chacun recevra sa propre récompense selon son propre travail ». Obscurément, je me comptais parmi ceux qui plantent.

Ma conseillère ANPE n'en revenait pas.

« Nom de Dieu ! Neuf ans au *black*... Je les voyais pas comme ça au Pécé... »

Elle m'avait écouté durant un bon quart d'heure, et montrait les premiers signes d'agacement. Une flopée d'oisifs trépignaient dans mon dos, avec des chemises pleines de CV. Il était grand temps pour elle d'aller au but :

« Que diriez-vous d'une formation de chauffeur de car ? Je vois que vous avez votre permis… et que vous aimez parler…

— Je n'y avais pas songé… »

Elle me prenait de court.

« Ce serait une étape. Après cinq années de conduite sans accident grave vous pourriez passer un diplôme de chauffeur-conférencier. C'est la seule formation intellectuelle que je peux vous proposer… Et il y a du débouché. Vous aimez voyager ?

— Je connais un peu la Lozère, les Bouches-du-Rhône et puis le Vaucluse… Je peux y réfléchir ?

— Pas trop longtemps. C'est une opportunité de trouver un premier emploi stable. J'ai beaucoup de sympathie pour vous mais je dois vous préciser que c'est la onzième proposition que vous me refusez. J'aurais dû vous radier après la troisième… »

Je me figeai : « Radiez-moi ! »

Je ne m'étais pas extirpé de l'Ardoise pour trimballer des vieux au Pont du Gard.

Un vigile se rapprocha de la conseillère ; elle lui assura avoir la situation en main.

« Bravo ! Ah, s'il y avait plus de chômeurs comme vous… »

Elle me radia d'un trait tout en me tendant l'autre main. Puis elle appela le client suivant.

Maurice ne digéra pas mon départ du *Midi Rouge.*

J'étais seul.

Désespéré, je retournai voir Moulinas. Il acceptait de me reprendre mais les conditions n'étaient plus « aussi favorables qu'avant ». Il fut question de tickets-restaurant, d'un abonnement à un tarif préférentiel à *L'Humanité dimanche*, de places gratuites pour aller voir jouer le Nîmes Olympique, club de football qui évoluait alors en deuxième division.

Les ventes et les ressources publicitaires du journal étaient dans un état critique. On épongeait les dettes générées par la campagne de Robert Hue à la présidentielle de 2002. Son score (3,34 %) n'avait pas permis de bénéficier du remboursement des frais par l'État. On avait dû vendre l'immeuble abritant le siège de la fédération. Le *Midi Rouge* occupait désormais l'appartement prêté par un camarade. Un nouveau Secrétaire fédéral avait été nommé ; le mandat de mon père au Bureau fédéral n'avait pas été renouvelé. Il n'était plus question de faire muter le Parti mais de le sauver...

Moulinas me confia qu'il était sur le départ. À Marseille, les journalistes avaient pris le pouvoir, redéfinissant la ligne éditoriale du titre, désormais ouvert « aux hommes et aux femmes de progrès ». On avait lancé une campagne publicitaire cathartique, au slogan trop radical pour le lecteur réformiste (« *De l'air !* »). Elle avait plombé les finances du *Rouge*.

Au sortir de mon entretien, dépité, j'étais prêt à passer du côté de la réaction.

Sans en parler à Maurice, je fis acte de candidature au *Midi Bleu*. Le quotidien régional se taillait la part du lion, de la Méditerranée aux Cévennes. Je postulai à la culture. Le rédacteur en chef de l'agence de Nîmes joua d'emblée cartes sur table : « On sait d'où tu viens Bonnefoi... sache qu'ici on ne fait pas de politique... »

Je fus soulagé, même si j'ignorai à ce stade si son propos était voué à me mettre à l'aise ou bien en garde.

La réaction de Maurice fut plus tranchée : « Tu n'as pas honte ? »

Bien sûr que je ressentais de la honte, mais je l'avais aussitôt bue. Je savais que tôt ou tard il me faudrait les trahir, Maurice et le Parti. J'ai simplement essayé que ce soit le plus tard possible.

7

Médor

L'usine ferma le 30 juin 2004.

Au mois de septembre, la municipalité planta un grand panneau au carrefour du *Bon coin*, où l'on pouvait lire : « Zone d'Activités Économiques de l'Ardoise ». Des Algeco montés à la va-vite se mirent à pousser comme de l'herbe inculte. Des noms à l'acronyme étrange s'affichèrent en lettres grasses : S.I.P., T.O.P.L., S.A. PÈRE ET FILS, etc. Derrière ces acronymes, en y prêtant attention, on pouvait retrouver l'identité d'anciens ouvriers de l'usine. Forts de leur prime de licenciement, plusieurs avaient tenté leur chance dans l'entrepreneuriat. L'un s'improvisait ferronnier d'art, l'autre créateur de cheminées et de barbecues...

L'effet d'aubaine dura un temps.

Le plus malin reprit le PMU du *Bon coin*. À petit feu, il pompa la prime de ses anciens camarades, à coups de demis et de tickets de la Française des jeux. Son comptoir devint le haut lieu de l'Ardoise, où l'on rejouait chaque jour la légende du temps béni de l'âge de fer.

D'autres flambèrent leur pécule comme des *novaritchs*. Les plus malchanceux n'eurent pas le temps d'y toucher, victimes de l'amiante ou du chrome. Pour tous les autres, le chômage et la débrouille remplacèrent le salariat. Au *Bon coin*, on estimait que ce n'étaient pas les plus malheureux.

Et puis, un peu plus loin, à la sortie du village, on coupa un platane sur deux. Des panneaux publicitaires jaillirent, où l'on popularisait les nouveaux slogans de l'Ardoise : *Leclerc en guerre contre la vie chère... Auchan milite pour votre pouvoir d'achat...* On posa un goudron neuf dans l'impasse de Maurice et Louise et l'on vendit la cité ouvrière à la pièce à des anciens de l'usine, avides d'accéder à la propriété. Les « primo-accédants » érigèrent des murs en parpaings, condamnant les passages d'autrefois, ces voies de campagne dissimulées dans le dos des maisons, entre les jardins, les arbres et les haies. Là où mon enfance enclose avait trouvé à s'étendre.

Le maire sans étiquette ne ménagea pas ses efforts pour débarrasser le village de la crasse et de la fatigue laissées par ses ouvriers, ignorant que l'Ardoise ne serait jamais semblable aux villages vignerons voisins, tirés au cordeau avec leur lavoir restauré et leur soc de charrue repeint. On aime exposer les vieux outils de la peine, surtout s'ils ne sont pas des armes de la révolte.

Les portes des maisons ne s'ouvraient plus devant Maurice. Au moment de la fermeture, d'aucuns n'avaient pas hésité à le traiter d'oiseau de malheur. Sans l'usine à ses côtés, il prêchait contre lui-même. Pour la première fois, il vivait en minorité à l'Ardoise. Son jugement s'en ressentait, plus noir. Et si une forme de découragement le gagnait, son refus de l'injustice était intact. Sa colère aussi. Grâce à elle, il ne mesurait pas toute l'étendue de sa solitude. Ayant perdu le sommeil depuis l'arrêt des trois-huit, il répétait à qui voulait l'entendre : « Ça me rend malade de voir ça... »

Louise était inquiète. Elle n'était pas femme à vivre dans le regret et moins encore à supporter quotidiennement les états d'âme de son époux. Comme elle avait une grande confiance dans les bêtes, chez qui elle décelait un pouvoir curatif (« Langue de chien, langue de médecin », disait-elle alors qu'un chien lui léchait la plaie qu'il venait de lui infliger), elle convainquit Maurice de la suivre au refuge des Garrigues, où poireautait un panel de canidés en mal de reconversion.

La courbe des abandons suivait celle du chômage. Après chaque plan social, Louise accueillait un nouveau pensionnaire. Elle avait une attirance particulière pour les femelles maltraitées et les victimes de mauvais croisements qui témoignaient, de par leur tempérament ou un trait physique, d'un vieux fond de race. Les simplets et les immoraux n'étaient pas exclus a priori, tandis que les passés torturés étaient clairement recherchés. L'esthétique de l'animal lui importait peu.

Après avoir arpenté longuement le chenil, elle s'arrêta devant un modèle bas, long comme un jour de négociation, dont le pelage mal étudié traînait par terre. Maurice, peu sensible à l'ordre du jour, se tenait en retrait, sa sacoche à la main, prêt à faire un don à l'association afin de couvrir les frais d'hôtellerie de l'élu. Il ne donnait jamais plus que le forfait journalier réglementaire, au grand dam de son épouse. Les mises en scène larmoyantes de type SPA ou Téléthon, qui dédouanaient le gouvernement de ses prérogatives, déclenchaient l'ire du militant.

Une approche plus sensible permettait d'apprécier la finesse du museau du clébard, remarquable. Quoique, en le regardant plus attentivement, on le voyait s'épaissir sans logique peu de temps après la pointe, jusqu'à se confondre avec la boîte crânienne, sans doute inachevée. L'harmonie de l'ensemble en souffrait.

Pour finir, sa queue en sabre débordait de panache, lui retombant sur la tête à la manière d'un plumet de Saint-Cyr. Elle semblait avoir été étudiée dans le but d'atténuer sa disgrâce, mais son volume généreux ne pouvait qu'attiser l'instabilité de son caractère. Le dégénéré aurait pu faire l'objet d'une étude zoologique.

Toutes ses malformations excitaient le regard de Louise.

« Il n'est pas malade celui-là ? demanda-t-elle au bénévole.

— Non, non... il a l'air débraillé à première vue mais c'est qu'il en a bavé. Il fait un peu d'bile... Un milieu sain et équilibré le remettrait d'aplomb en quelques jours. Vous feriez un très bon choix...

— Il n'est pas un peu long pour un chien d'intérieur ? »

En posant cette question, Louise s'était tournée vers son époux. Après tout ce chien était pour lui. Mais comme Maurice restait silencieux, elle poursuivit seule son expertise.

« Il ne serait pas croisé avec un teckel de Bucovine... d'avant la chute... ?

— La chute ? s'interrogea le bénévole.

— La chute du Mur ! »

Louise en connaissait un rayon sur les souches exogènes.

« Je ne vous le garantis pas...

— Il te plaît ? » tenta-t-elle auprès de Maurice.

Des deux, de Maurice et du chien, ce dernier était le plus intéressé par les tractations en cours. Maurice lui consentit un regard :

« Le pauvre... »

Le vendeur, désireux de relancer la transaction, reprit la main :

« À la SPA, on a coutume de dire que ce n'est pas la race ni l'allure qui font le pedigree. »

C'était un fin psychologue. Les autocollants du pare-brise arrière de la Renault de Maurice ne lui avaient pas échappé. (*Ugine-Aciers l'Ardoise vivra !* ou bien : *Une autre politique à gauche est possible : votez PCF !*)

Il insista :

« Vous pourrez tout aussi bien le laisser dehors... il a l'expérience des environnements difficiles... Je suis normalement tenu au secret professionnel, mais puisque vous vous intéressez à ses origines, je peux vous dire qu'il a appartenu à une employée de chez Mercier de Roquemaure. Elle a dû s'en débarrasser après son licenciement. Vous avez entendu parler du conflit de la bonneterie Mercier de Roquemaure ? »

Bien sûr, Maurice connaissait. Des semaines de grève et soixante-sept salariées restées sur le carreau. Elles étaient montées à Paris en autocar pour ceinturer l'Élysée de milliers de soutiens-gorge aux couleurs du drapeau français.

« Saloperie de Sarkozy..., grogna Maurice en regardant l'animal avec un œil neuf.

— Il n'a qu'un défaut, crut bon de révéler le taulier, il n'aboie plus... Ses cordes vocales sont HS.

— Tant mieux, dit Maurice, parce qu'on en a eu un qui n'arrêtait pas d'hurler à la mort à chaque coulée.

— Tu parles d'un chien d'ouvrier çui-là... », confirma Louise.

Le cynophile commençait à perdre patience :
« Tous ses vaccins sont à jour... Il vous intéresse ? »
Un fiel verdâtre suintait des yeux du corniaud. Ses guiboles vibraient comme quatre vieux vibromasseurs branchés en batterie. Peut-être sous le coup de l'émotion. Certainement sous celui de la vieillesse. Il ne pouvait ignorer que se jouait là sa dernière chance d'achever dans la dignité une vie raboteuse.
« On le prend ! » trancha Maurice.
Pour ne pas rajouter à son âme tourmentée, il le baptisa d'un nom sans histoire : Médor.

Le bénévole avait raison, c'était un très bon choix. L'animal était taillé pour les reliefs industrieux. Il s'appropria son nouveau biotope sans avoir à forcer sa nature.
Médor aimait vaquer sur le crassier, un tas de scories de métaux lourds, rebut des hauts fourneaux que la pollution avait recouvert d'une flore aux couleurs psychédéliques. On lui trouvait de faux airs de steppe mongole. Le bâtard aimait tourner autour du mont jusqu'à ce qu'il ait gobé une quantité suffisante d'orthoptères. Il concluait sa virée par une séquence au pouvoir sédatif : il frottait son dos rouquin contre le substrat schisteux, tout en mastiquant un foin corrompu, câlin comme un bouquet d'épieux, qui lui raclait la gorge jusqu'au vomissement.
Après sa purge, il mimait des aboiements. Sans doute avalait-il tout ce qui lui passait sous le museau pour oublier

que rien ne refluait de sa gueule qu'une haleine fétide. Des restes d'ancolies mauves s'échappaient du repli de ses babines.

Il paraissait heureux. Il rattrapait le temps perdu.

« Quel abruti ce chien ! fulminait Maurice. Ta grand-mère a le don de recruter les plus demeurés... »

Cet « abruti » fut notre dernière joie.

8

Une frontière oublieuse

Quelque temps après la fermeture de l'usine, une crue du Rhône envahit l'impasse, qui lessiva le quartier jusqu'au *Bon coin*. Chez mes grands-parents, les albums de famille jaillirent des placards et des photographies de mes ancêtres se mirent à flotter sur l'eau limoneuse de la salle à manger.

Après que le fleuve eut regagné son lit, nous les mîmes à sécher sur la table du jardin. Maurice commenta des images de son mariage avec Louise, où figuraient des êtres que je n'avais pas connus, d'avant la naissance de l'usine. Nous avions donc une mémoire autre qu'industrielle.

Cette parenthèse dura ce que dure une crue. Une échappée qui me fit comprendre que la vie pouvait continuer, autrement, après la disparition de l'usine, et peut-être même mieux qu'avant. Comme après une maladie grave à laquelle on aurait survécu.

Ce n'est que vers l'âge de treize ou quatorze ans que je pris conscience de l'ambiguïté du fleuve, de son rôle nourricier et, tout à la fois, de gardien de notre condition.

Le Comité d'établissement avait fait bétonner la pente qui, au bout de l'impasse de mes grands-parents, débouchait sur sa rive. L'aménagement avait été pompeusement baptisé « Port de plaisance de l'Ardoise ». C'était une plateforme de quelques mètres carrés, élevée dans la vase et les joncs, grâce à laquelle les familles de salariés de l'usine pouvaient pratiquer une activité nautique. Le CE mettait à leur disposition, moyennant une cotisation d'une dizaine de francs, des planches à voile et des Optimist, dont les cadres, surtout, avaient la science. Ce fut là, malgré tout, l'opportunité d'une distraction sans distinction de classes.

Pour les apprentis marins, il était impossible de tenir un cap dans ce bras du Rhône, où le mistral sévissait par à-coups violents. Une après-midi, nous assistâmes à la dérive du fils d'un pontonnier, dont l'embarcation filait droit vers le barrage de Pouffajon. Je vis sa silhouette s'effacer dans le bouillonnement du ressac. Le Zodiac du CE refusait de démarrer...

Le gamin avait trouvé le courage de se jeter à l'eau. Une

barge de matières premières manœuvrant près du port le repêcha in extremis. Il put regagner la berge sain et sauf, et même fièrement : un boulet de manganèse offert par le capitaine dépassait de la poche de son gilet de sauvetage.

Les cours de voile m'ouvraient la perspective de paysages neufs, libres de l'influence de l'usine, loin de ces zones enténébrées par les eaux de refroidissement du coke, chargées d'ammoniaque, où la végétation était à l'agonie. Avec ma planche à voile, si la providence m'était favorable, je faisais une pause sur la berge opposée, distante de deux cents mètres à peine mais que nous ne pouvions atteindre par la route qu'après un détour d'une vingtaine de kilomètres.

Là-bas, c'était la Provence. Un *pays* dont je ne savais rien, sinon la végétation d'essence supérieure, dont l'ordonnancement respectait l'âge et la fragilité des espèces, conférant au paysage une sagesse, apanage de la société paysanne.

Devant une courte grève de cailloux roulés, parmi les variétés les plus frustes de graminées, s'avançait une fine bataille de peupliers noirs. Une variété aux vertus purificatrices, dont les plus anciens membres dataient d'avant le percement du bras, au moment de l'édification de l'usine en 1952. Derrière eux, en guise de contreforts, se dressait une rangée de cyprès, de la race fière, au manteau doré, admirée en Toscane ou sur les sols apaisés de l'arrière-pays méditerranéen. Rien de commun avec ceux que l'on avait plantés après-guerre dans la cité ouvrière afin de nous protéger de la *fièvre des métaux*.

Mes abordages étaient de courte durée. Bien avant de poser le pied à terre, le responsable de la section nautique s'époumonait depuis l'autre rive dans son sifflet d'alerte. On m'évoquait des questions de sécurité, d'assurance, comme si j'assaillais un nouveau continent. Alors, l'âme en peine, délaissant cette terre laissée vierge par la modernité, je remontais sur ma planche en tirant des bords exagérés.

De retour au bercail, mon père me collait une rouste et j'étais consigné à terre.

L'usine fermée, la drague n'assura plus l'entretien du chenal et l'envasement menaça l'existence du bras. Il suffisait de s'avancer dans l'eau d'un mètre à peine pour être pris jusqu'à la taille dans un limon gluant.

Près de la halte nautique, les sédiments avaient formé une presqu'île instable. Une nature hétérogène se développait à une vitesse vertigineuse. Je voyais pousser des arbres, parmi les variétés les plus insolentes, excitées par l'atypicité de l'écosystème. Une faune de volatiles et de petits mammifères jamais observés dans la région se mit à proliférer. Qui ne tarda pas à en appeler d'autres : naturalistes du dimanche, braconniers, photographes nyctalopes, et même « des filles qui n'ont pas eu le choix », comme les appelait Louise. Au bar du *Bon coin*, on éleva ce no man's land au rang de « Parc naturel de l'Ardoise ». De jour comme de nuit, il offrait l'accès à un choix de ressources inédites dans le canton.

Tout à son bonheur de voir s'étendre la superficie de la commune, le maire fermait les yeux sur ce qu'un socio-géographe avait qualifié dans le *Midi Bleu* de « dérive post-industrielle ». Pour le premier édile, un peu de fantaisie ne pouvait pas nuire à une commune éprouvée par le deuil.

Mais de l'autre côté du fleuve, en Provence, on voyait les choses autrement. On observait avec attention le rétrécissement du bras, promis à une disparition totale. L'union des deux territoires était inéluctable.

Fabregas était une terre de maraîchers et de vignerons. Elle votait à droite depuis 1792. Ces culs-terreux n'offraient jamais un panier de légumes ou un carton de côtes en guise de soutien aux ouvriers en grève. Ils n'avaient pas observé sans jouissance le démantèlement de l'usine accusée, sans honte, de polluer le ciel et les récoltes.

Le maire de Fabregas avait décidé d'alerter les pouvoirs publics. Si les deux communes fusionnaient, Fabregas serait-elle toujours provençale ? Qui deviendrait l'homme fort de la nouvelle entité, lui ou son alter ego du Languedoc ? L'heure étant aux économies d'échelle, les préfets des deux régions prirent le dossier au sérieux. Ils se déplacèrent jusqu'à l'Ardoise, faisant même quelques pas timorés (en raison de la nature fangeuse du terrain) sur l'enclave. Ils ne purent que constater l'irréversible évolution de la nature : devenu sans objet, le bras s'effaçait.

Les deux larbins de l'État exposèrent un « plan de revitalisation économique, social et culturel de la Vallée du Rhône languedo-provençale ». Il fut d'abord question d'un terrain de golf et, après une étude des sols, de la construction d'un parc d'attractions. On exploiterait ainsi les ressources foncières existantes. La *cathédrale*, les poches de coulée ou la ligne ferroviaire qui servait à évacuer les brames d'acier vers le site de lamination, permettraient la création du « plus grand train fantôme d'Europe ». Au comptoir du *Bon coin* on se montra circonspect. On attendait de voir avant de parler d'aubaine.

Dès le lendemain de l'annonce, le premier magistrat de Fabregas donna une interview dans le *Midi Bleu* : « Cet aménagement du territoire est à l'image de l'excroissance censée nous réunir : il n'a pas la moindre consistance ! Fabregas n'accordera pas un centime à ce projet d'unification, auquel nous nous opposons fermement. » Il annonça la création d'un comité d'habitants attachés à l'identité *provençau*. Fabregas n'entendait pas se mélanger avec une bande de salariés grégaires, en pleine déconfiture économique et morale. Fabregas était fertile, plantée du bon côté du fleuve, sur les meilleures terres des côtes-du-rhône. Des sols riches en matériaux archaïques, arrachés aux reliefs alpins puis polis un à un par le fleuve. Alors que la molasse de notre rive, elle, était squelettique. Ce n'était un secret pour personne, même notre pinard avait un arrière-goût de ferrosilicium.

Afin d'apaiser la tension entre les deux communes, on organisa un référendum. Le oui était requis des deux côtés du Rhône. À défaut, le statu quo l'emporterait. Chacun garderait son nom et son identité et l'on déclarerait le territoire émergeant « zone franche ».

Sans surprise, on vota non du côté provençal et oui à l'Ardoise. Le projet fut enterré. Du jour au lendemain, on ne parla plus de l'affaire.

Le commerce des prostituées profita de la publicité faite au territoire, comme de son flou juridique. Et, lorsque les deux rives trouvèrent le courage de s'embrasser, il se mit à flamber. On accourait des deux régions pour profiter de l'offre. La friche industrielle offrait quantité de replis. Au *Bon coin*, il se disait même que certains s'approprièrent le bureau de leur supérieur, le temps du culbutis... Quant à la paysannerie de Fabregas, elle ne fut pas la dernière à profiter de l'aubaine.

L'impasse et le parking de l'usine renouèrent avec l'animation d'autrefois, grâce au ballet des clients et des maraudeurs. Plusieurs prostituées se présentèrent chez Maurice et Louise. Elles lorgnaient le combi Volkswagen que mon grand-père avait acquis pour battre la campagne, alors que la circonscription avait été élargie aux cantons de droite, grâce au redécoupage électoral du boucher Charles Pasqua. Depuis la débâcle de mars 1993, il végétait dans un recoin du jardin.

Maurice ignorait ce trafic. Il ne s'était pas rendu aux urnes pour le référendum communal, une première depuis les élections constituantes de 1945. Lorsque je lui en fis la remarque, il me dit : « Pour quoi faire ? Choisir entre Disneyland et le bois de Boulogne ? »

Depuis qu'il était à sec, Maurice ne se rendait plus au chevet du Rhône pour y faire pisser Médor. Louise se chargeait de la besogne. Elle avait toujours un mot pour ces dames, s'inquiétant de leurs revenus comme de la démocratisation du service (« vous faites un tarif chômeur ? »).

Elle s'aventurait parfois jusque dans le lit de l'ancien bras du fleuve, qui formait un pan de désert marécageux entièrement soumis au mistral. En le traversant à ses côtés, j'avais le cœur irréconcilié, épais et lourd comme la glaise qui s'accrochait à nos chaussures. Nous poussions souvent jusqu'à Fabregas. C'était un voyage. Nous promenions nos croquenots jusqu'à l'église du village. Louise avait un faible pour le raffinement du vitrail. « C'est beau ici », disait-elle. Il est vrai que nous n'avions pas d'église à l'Ardoise, et plus de *cathédrale* pour nous barrer l'horizon.

Sur le chemin du retour, elle était pleine d'entrain. Une fois passé le panneau rayé de rouge de Fabregas, elle se mettait à entonner le refrain de *La Butte rouge*, qu'elle plaquait sur l'air de l'Internationale :

Sur c'te butte-là
Y'avait pas de gigolettes
Pas de marlous, ni de beaux muscadins
C'qu'elle en a bu, du beau sang, cette terre
Sang d'ouvriers et sang de paysans...

Maurice survécut de six années à l'usine.

Au moment de sa disparition, je traversais d'anciennes républiques socialistes, sans boussole. Nous ne nous étions pas revus depuis plusieurs mois. Précisément depuis ce jour de novembre où il m'avait traité de « Sarkozyste ». Il n'y avait pas de pire insulte à cet instant de la Ve République.

Nos discussions politiques étaient empreintes de violence. Bêtement, je prenais plaisir à lui tenir tête, au mépris des vertiges de l'histoire et de son cœur.

Louise le retrouva sur le carrelage de la salle de bains, le son de la radio ayant couvert sa chute.

Je renonçai à poursuivre mon voyage vers le port d'Aralsk, où gisait le cadavre de la mer d'Aral. La veille, j'avais piétiné les sols dépressifs du désert de sables noirs du Karakoum, non loin de la frontière kazakhe. Là, j'avais assisté à la lente extinction des forêts de Saxaul, victimes de la monoculture du coton depuis l'occupation soviétique.

Sur les fleurs jaunes des arbustes, j'avais observé les mêmes tumeurs cendreuses que celles qui se développaient sur les tiges des ronciers, en état de survivance, entre le Rhône et l'usine. Il faut partir si loin pour quitter si peu.

Lorsque je rentrai à l'Ardoise, Louise me remit les cendres de Maurice, selon sa volonté. Aujourd'hui encore, je ne sais que penser. Était-ce un geste de réconciliation ou destiné à me faire peser le poids de ma culpabilité ?

Je les ai dispersées dans le bras du Rhône. Dans le cours oublieux d'un entre-deux rives incertain, où je vis désormais.

ACHEVÉ D'IMPRIMER EN FÉVRIER DEUX MILLE VINGT-QUATRE
PAR L'IMPRIMERIE FLOCH À MAYENNE.